Petra Hoffmann

Der Kuss der Sonne

Eine Erzählung auf den Flügeln innerer Freiheit

Impressum:

Petra Hoffmann
Der Kuss der Sonne
Eine Erzählung auf den Flügeln innerer Freiheit

1. Auflage 2021

in der Mediengruppe Westarp
Kirchstr. 5
39326 Hohenwarsleben
www.westarp.de

ISBN: 978-3-96004-101-6

Umschlagfoto: Sonnentor des Hathor-Tempels, Philae
Fotografiert von Gabriele Nünchert

Layout & Umschlaggestaltung: Stefanie Oeft

Satz, Druck und Bindung: Druckerei Kühne & Partner GmbH & Co. KG
www.unidruck7-24.de

Printed in Germany.

Inhalt

1. Kapitel:
Auf der Theaterbühne der Missverständnisse

Sie hatte sich noch einmal umgedreht und Ausschau gehalten, ob die Schwester nicht doch noch käme. Mit dieser kleinen Hoffnung im Gepäck hatte sie den Rollkoffer durch den langen Gang des Flughafengebäudes gezogen, bis sie vor dem Check-In-Schalter in Terminal eins zum Stehen kam.
Durch das zügige Laufen in der dicken Fleecejacke war sie ins Schwitzen geraten und ihre warme Atemluft, die unter der Gesichtsmaske zirkulierte, hatte mal wieder die Brillengläser beschlagen. Auch wenn sie gelernt hatte, innerlich darüber hinwegzusehen, ein kurzer Moment der Unsicherheit. Wo ging es weiter? Sie suchte vergeblich nach Orientierung im außen. Mit der rechten Hand hielt sie sich am Griff des Koffers fest.
Es galt, einen Moment inne zu halten, bis der getrübte Blick wieder klarer wurde. Die Augen geschlossen, konzentrierte sie sich auf ihren Atem, bis dieser ruhiger wurde.

Nun sah sie den Eingang ins Labyrinth der Absperrbänder und reihte sich mit dem entsprechend vorgegebenen Abstand in eine der Schlangen wartender Flugpassagiere ein. Als sie an die Reihe kam, zeigte sie den Reisepass, legte ihren Koffer auf das Förderband und nahm das Flugticket lächelnd in Empfang. Da fiel ihr ein, dass die junge Frau hinter der Wand aus Plexiglas ihr Lächeln hinter der Maske gar nicht sehen konnte. Ein freundliches Kopfnicken sollte das Lächeln ersetzen, doch sie konnte den Blick der Frau nicht mehr erreichen, für die der routinierte Abwicklungsprozess längst abgeschlossen war. Sie trat beiseite und machte dem Mann, der hinter ihr wartete, Platz.

Da stand sie nun. Auf sich gestellt.
Der Koffer war aufgegeben. Ein erstes Zwischenziel erreicht.
So viele Hürden hatte sie überwunden, diese Reise dennoch und trotzdem möglich zu machen. Die letzten Tage war sie durch die organisatorischen Vorbereitungen gehetzt und hatte sich immer wieder neu auf das Ziel konzentriert, um sich von keinen kritischen Stimmen in ihrem Umfeld mehr abbringen zu lassen. Eine unterschwellige Sorge, etwas Unvorhergesehenes könne sich doch noch in den Weg stellen, hatte sich manchmal eingeschlichen und Kraft gekostet.

Suchend blickte sie sich in diesem großen Raum um, in dem man sich schnell verlieren konnte. Es gab keinen Koffer mehr, an dessen Griff sie sich festhalten konnte. Für einen Moment verließ sie der Mut.
Auch wenn der äußere Weg nun geebnet war, so spürte sie gerade eine innere Hürde, die hemmte. Ein leiser Zweifel schlich sich an und schleifte den Ballast der vergangenen Monate hinter sich her.

Was machte sie hier überhaupt? Nicht nur die Reise – ihr ganzes Dasein fühlte sich gerade so fragwürdig an. Ihr altes Leben war ihr entglitten. Wie ein Kartenhaus einfach zusammengebrochen. Die Welt spielte ‚ver-rückt'. Irgendwie war alles aus den Fugen geraten. Vieles fühlte sich schräg an. Sie hatte mehr Fragen als Antworten.

Spielregeln im außen, einst wie Orientierungspfeiler auf dem Weg, verloren an Nachvollziehbarkeit. Auf der Suche nach Halt hatte sie immer öfter ins Leere gegriffen.

Das Flugticket in der Hand. Wie ein Wegweiser.
Geh weiter, einfach weiter …

Sie ließ den ‚Zwei-fel', der alles ‚ent-zwei-te', stehen und setzte sich wieder in Bewegung. Gezogen von einem leisen Ziehen, einer fruchtbaren inneren Unruhe. Das Sehnen und Ahnen wie eine geheime Kraft, die erneut zum Aufbruch drängte, zur Hingabe an das, was bereits in ihr verborgen lag und erblühen wollte, durch alles äußere Dickicht hindurch.

Da vorne, da ging es durch die Sicherheitskontrolle. Den Beschilderungen und Anweisungen des Flughafenpersonals folgend, schleuste sie sich Schritt für Schritt durch alle Sicherheits- und Passkontrollen hindurch.

Schließlich war sie angelangt im angegebenen Gate und ließ sich auf einem der Sitzplätze nieder. Um sie herum ein Gewusel an Informationen. Schnatternde Menschen, die vorbeieilten oder in der Nähe einen Sitzplatz suchten.
Sie strich eine lockige Haarsträhne aus dem Gesicht. Das einst blonde Haar war grau geworden. Der Körper fühlte sich erschöpft an, wie nach einem langen Kampf. Eine innere Müdigkeit fühlend, sehnte sie sich nach Ruhe und Regeneration.

Den Weg zu finden in die innere Freiheit und Klarheit – durch das verworrene äußere Gestrüpp von Begrenzungen und Wider-

sprüchlichkeiten, in dem sie sich gefangen fühlte. Der ungetrübten Wahrheit in die Augen zu sehen und gleichzeitig die aufgebrachten Wogen der Emotionen wieder zu beruhigen. Den inneren Frieden galt es zu finden, um zu befrieden, was alles andere als friedvoll erschien.
Nicht mehr und nicht weniger erhoffte sie sich von dieser Reise.

Ihren olivgrünen Rucksack stellte sie auf ihre Oberschenkel und verstaute das Flugticket. Mit kritischem Blick, ob sie auch wirklich nichts vergessen habe, tastete sie die eingepackten Habseligkeiten ab. Ganz unten ihr beigefarbener, zusammengerollter Sommerrock, zwei kurzärmelige Shirts, Unterwäsche, Sandalen und ein paar Waschsachen in einer kleinen, durchsichtigen Tasche mit Reißverschluss. Die nötigsten Sachen für alle Fälle, als Absicherung, wollte sie bei sich tragen. In Seitentaschen waren Smartphone mit Ladegerät, alle Papiere für die Reise, Geldbeutel, Schlüssel, Reisepass, ein Notizblock mit Notenlineatur und der zierliche Füller, den ihr die Schwester vor der Abreise geschenkt hatte. Sie strich mit ihren Fingern über den Füller, als wolle sie sich versichern, dass er wirklich da sei. Da war es ihr, als fühle sie die Umarmung der Zwillingsschwester und aus ihrem Herzen flüsterte sie ihr zu: „ach liebe Mara" …
Aus ihrem Inneren hörte sie aufmunternde Töne einer Geige und lauschte ihnen …

Vor drei Tagen hatten sie miteinander gesprochen. Noch immer fühlte sie den liebevollen Blick der Schwester, die zu ihr gesagt hatte: „Sarah, lass dich durch nichts und niemanden beirren, auch nicht durch mich, weil ich nicht mitkomme. Wenn dein Sehnen so tief ist, dann folge dem Ruf deines Herzens. Streif alles Alte von dir ab und mach dich auf diese Reise mit dir selbst und zu dir selbst. Ich glaube, es ist genau richtig so, dass du alleine gehst. Es gibt Reisen, die kann man nur alleine machen. Und im Grunde sind wir doch immer miteinander verbunden, egal, wo wir gerade sind."

Ursprünglich hatten sie gemeinsam von dieser Reise geträumt. Doch dann war alles anders gekommen und Mara hatte mit dem Kopf geschüttelt; diese Reise passte gerade nicht in ihre Lebenssituation. Sarah konnte die Argumente der Schwester verstehen und empfand weder Enttäuschung noch Wehmut. Dafür liebte sie die Schwester viel zu sehr. Die Liebe zwischen ihnen war von einer gegenseitigen Achtung geprägt und schwang in einer weiten, freilassenden Verbundenheit.

Sarah schaute auf die Uhr. Bis zum Boarding hatte sie noch mehr als eine Stunde Zeit. Die Sitzplätze im Gate waren nun alle belegt, manche Menschen lehnten an der Wand, im langen Gang. Die meisten Menschen hielten ein Smartphone in der Hand und richteten ihre Aufmerksamkeit darauf.
Ihr gegenüber saß ein Mann, der auf seinem Laptop arbeitete und direkt daneben eine Frau, die ihr Kind auf das brummende Bitten eines älteren Herrn zu sich auf den Schoß nahm, um für ihn einen freien Sitzplatz zu schaffen. Hinter der schwarzen Maske der Mutter fühlte Sarah deren genervten Gesichtsausdruck. Auch nahm Sarah das Unbehagen des Kindes wahr, das sie auf etwa sechs Jahre schätzte. In regelmäßigen Abständen die Lautsprecher-Ansagen, das Gepäck vor Diebstahl zu sichern, einen Mund-Nasen-Schutz zu tragen und den vorgegebenen Abstand zu wahren.
Ein Virus der Angst beherrschte die Welt. Sarah befürwortete aus ihrem Selbstverständnis heraus einen angemessenen Schutz vor

Infektionen durch eine ernsthafte Krankheit. Gleichzeitig fühlte sie eine unterschwellig diffuse, angespannte Stimmung, die durch den Warteraum waberte, als schlüge ihr ein modriger Kellergeruch entgegen.

Indem sie jetzt die Augen schloss und ihre Hände umarmend um ihren Rucksack legte, versuchte sie, sich dem äußeren Gewirr etwas zu entziehen. Innere Bilder stiegen in ihr auf.

Mit dem Verbot, in Schulen zu singen und zu musizieren, war es ihr gewesen, als habe man ihr die Muttersprache genommen.
Die Kommunikation unter Menschen hatte sich verändert. Als habe ein Blitzeinschlag einen Riss durch die Welt gezogen, hatten sich Gräben aufgetan, die trennten. Vieles war ans Tageslicht gekommen und sichtbar geworden.
Manchmal war es ihr, als stünde sie auf der Bühne eines großen, absurden Welt-Theaters und skurrile Szenen zeigten sich. Anfänglich hatte sie von der Hoffnung gelebt, das Bühnenstück sei bald zu Ende, der schwere Vorhang möge endlich fallen.
Sie sehnte sich danach, der Frühlingssonne singend entgegen zu tanzen und das knospende Grün unter den Füßen zu spüren. Doch die Inszenierung des Bühnenwerks war weiter gegangen.
Während bunte Blätter singend von den Bäumen zurück zur Erde tanzten, wurden Türen geschlossen.
Wo waren tröstende Hände?

In jeder Krise lag auch eine Chance und nun galt es, über die Gräben hinweg neue Brücken zu bauen.
Jeder Schritt zum Neuanfang begann bei sich selbst. So war es Zeit, die eigenen alten Klamotten, die ausgedient hatten, abzulegen und

die Fesseln von Ballast abzuwerfen, um schließlich erleichtert weiter zu gehen.

Auch in Sarah waren alte Lebensthemen nochmals aufgeblitzt und hatten sich gezeigt. Vor allem dann, wenn sie müde und erschöpft war. Dann waren sie hereingekrochen, die Reste einer leisen Angst und hatten sich über ihren Körper gelegt. Dunkle Szenen weit entfernter Tage hatten sich dann wieder hineingedrängt in einen geschützt geglaubten Raum.
Ohne anzuklopfen, ohne zu fragen.
Gespeicherte Erinnerungsfetzen vergangener Zeit, als sich die Angst auf ihren zarten Körper gelegt hatte und mit mächtiger Hand ihren Mund zugepresst hatte. Der Schrei des Kindes war damals im Keim erstickt worden. Die Mutter hatte das Zimmer betreten und alles gesehen – doch dann hatte sie weggeschaut. Nach dem Tod ihres Mannes hatte die Mutter nicht nochmals einen Partner verlieren wollen. Mehr noch als die Erfahrungen von Missbrauch und Verrat hatte die große Hand auf ihrem Mund geschmerzt, die zum Schweigen gezwungen hatte.
Süßbittere Töne, alles sei gut und geschehe zum Schutz, hatten den Karren der Kindheit gezogen. Die Musik hatte schräg und schrill geklungen. Mundtot hatte sie unter dem aufgesetzten schweren Maulkorb geschwiegen und war in der Ohnmacht verstummt.
Um dem Deckmantel der Lügen zu entkommen, hatte sie damals unter der schützenden Bettdecke der Zwillingsschwester Zuflucht gefunden.
Singend hatten sie gemeinsam die nicht geweinten Tränen in harmonische Töne verwandelt. So war es die Musik gewesen, die sie immer wieder über die Wellen des Schmerzes hinweggetragen hatte, um weiter zu leben.

Und irgendwann hatte die Knospe begonnen, ihr zartes Rosa zu öffnen, ganz von selbst. Denn auch in den dunkelsten Raum schimmert irgendwann ein Strahl des Sonnenlichts.
So war auch in ihr etwas geboren, vor langer Zeit, ganz leise und still.
Es war das Vertrauen in die Welt.
Das Vertrauen, weil es Mara gab. Und die Musik.
Und langsam, ganz langsam, war auch das Vertrauen in sich selbst erwacht und sie hatte begonnen, sich dem Leben zu öffnen.

Ja, sie hatte gelernt, auf dem wogenden Meer in unterschiedlichen Rhythmen zu tanzen und alle Tonarten waren ihr in der Zwischenzeit vertraut. Mit der Musik war sie über die Wellen des Lebens gesurft, um den Wind der Freiheit zu fühlen und das Salz des Lebens zu schmecken.
Sie hatte gelernt, zu lachen und zu leben.

Als etwas ihre Füße berührte, wurde sie aus ihren Gedanken gerissen und öffnete ihre Augen. Das Kind, das auf dem Schoß der Mutter gesessen hatte, kniete zu ihren Füßen und griff nach dem Würfel, der auf den Boden gefallen war. Die Mutter des Kindes sprach zu Sarah ein paar entschuldigende Worte, während das Kind den gefundenen Würfel wieder auf das kleine Spielbrett kullerte, das auf den Oberschenkeln der Mutter Halt fand. Sarah antwortete mit einem wohlwollenden Augenzwinkern und schaute dem Kind eine Weile beim Würfelspiel zu.

Lange hatte es geschmerzt, keine eigenen Kinder zu haben, bis sie dies als Realität ihres Lebens hatte annehmen können. Sarah liebte

Kinder und sie liebte ihren Beruf. Sie hatte auf Lehramt studiert, Musik und Geschichte, was auch sonst.
Sarah war mehr als eine Lehrerin.
Sie war Mensch. Und als Mensch berührbar. Mit ihr konnte man herzhaft lachen und sie hatte immer ein offenes Ohr. Auch hatte sie ein großes Herz und es gelang ihr, einen liebevollen Raum zu schaffen, in dem das Lernen eine spielerische Leichtigkeit gewann.
Wahre Sternstunden waren die gemeinsamen musikalischen Auftritte mit dem Schulchor, den Sarah leitete. Wenn sie beim Singen das Leuchten in den Augen der Kinder und Jugendlichen sah, dann wusste sie, dass ihr Beruf auch ihre Berufung war.
Durch das Ausüben ihres Berufes befand sie sich auch selbst auf einem inneren Schulungsweg – auf der Suche nach der Melodie vollkommener Harmonie und auf der Suche nach Wahrheit und Erkenntnis.
Lange hatte sie in den Geschichtsbüchern studiert, um Antworten auf grundlegende Fragen zu finden. Mit oberflächlichen Antworten hatte sie sich nie zufriedengegeben. Ihr suchender, kritischer Blick wollte stets hinter die Kulissen äußerer Handlungen und Geschichtsdaten schauen.

Erneut war der Würfel des Kindes über die Begrenzung des Spielbretts gerollt.
Die Mutter schimpfte auf das am Boden kriechende Kind ein, es müsse vorsichtiger sein, damit der Würfel nicht ständig herunterfalle. Das Kind, das den Würfel gerade gefunden hatte, scherte sich jedoch wenig um die ermahnenden Worte der Mutter und setzte zum großen Wurf an. „Mama, das ist ein blödes Spiel. Das Spielbrett ist zu eng und ich habe keine Lust mehr, immer zu verlieren.“

Gleichzeitig mit dem Würfel, den sie von sich wegschleuderte, kullerten die ehrlichen und ungeschmückten Worte des Kindes durch den schmalen Gang – vorbei an herumstehenden Taschen und Füßen der sitzenden Menschen. Auch wenn der größte Teil ihres Gesichts durch die Maske verdeckt war, so verriet die Mimik der Mutter, dass ihr das Verhalten ihres Kindes peinlich war. Sie wich dem vorwurfsvollen Blick des älteren Herrn neben ihr aus und verstaute nun hastig das Spielbrett als gescheitertes Beschäftigungsprogramm in ihrem Handgepäck.
Das Kind streckte, im schmalen Gang stehend, die Arme von sich und drehte sich hüpfend um die eigene Achse, als wolle es gleich zum Flug abheben.

Auf der Suche nach Beifall klatschendem Publikum blieb das Kind vor Sarah stehen und schaute ihr direkt in die Augen. Mit einem Augenzwinkern stieg Sarah in den Dialog mit dem Kind ein und meinte verständnisvoll: „Dir ist langweilig und du freust dich, wenn es losgeht mit dem Flugzeug, ja?“ Das Kind nickte und streckte erneut die Arme in die Weite. „Bist du denn schon mal geflogen?“ fragte Sarah. Die klaren, blauen Augen des Kindes leuchteten beim Gedanken an das Fliegen und es hüpfte auf der Stelle auf und ab. „Ich bin schon oft geflogen. Mama und ich dürfen manchmal mitkommen. Der Papa muss immer arbeiten, weil der ganz wichtig ist. Deshalb darf er oft fliegen.“ Sarah nickte dem Kind verstehend zu und freute sich an dessen Lebendigkeit.
Der Mann neben der Mutter blickte kurz von seinem Laptop auf, erfasste die Situation und wandte sich mit ein paar kurzen Sätzen an seine Frau. Er war offensichtlich gewohnt, Aufgaben zu delegieren und Instruktionen zu geben, denn die Mutter raschelte umgehend in ihrer Tasche und wandte sich an ihr Kind: „Anna, komm wieder zu

mir, ich habe dir etwas." Neugierig drehte sich das Kind zur Mutter um und nahm eine kleine Tüte mit Schokoladenkeksen entgegen. Bereitwillig ließ es sich wieder auf den Schoß der Mutter ziehen und aß genüsslich von den Schleckereien.
Die Gesichtszüge des Kindes, nun sichtbar, erzählten von einem Moment der Zufriedenheit. Die Mutter schien durchzuatmen – sie hatte einen Joker gezogen und dieser hatte seine Wirkung nicht verfehlt. Auch der Vater war wieder ganz vertieft in seine Arbeit.

Sarah ließ ihren Blick durch die Menschenreihen hier im Gate gleiten, dann schaute sie durch die große Fensterscheibe nach draußen in den Regen. Sie freute sich darauf, dem nasskalten Wetter für ein paar Tage zu entkommen und auf die Sonne Ägyptens. Bald würde sie dort sein und die Wärme auf ihrer Haut spüren. Der Gedanke an den Nil war wie die Erinnerung an einen altvertrauten Freund und augenblicklich weitete sich ihr Herz.

Ein inneres Lächeln zauberte sich auf ihr verborgenes Gesicht und sie schloss die Augen. Da sah sie, wie sie gemeinsam mit Mara die Tempelanlagen von Karnak, Luxor und Dendara besucht hatte. Die inneren Bilder waren lebendig geblieben. Ebenso die Sehnsucht nach der Leichtigkeit, wenn die Seele ihre Flügel ausbreitete. Schon so viele Länder dieser Erde hatte Sarah im Laufe ihres Lebens gesehen, doch dieses tiefe, vertraute Gefühl, als ob ihre Seele dort nach Hause käme, hatte sie nur dieses eine Mal, auf jener Reise ins Land der früheren Pharaonen, kennengelernt. Sie hoffte, die Schwere der vergangenen Monate dort abstreifen zu können, um erneut die eigenen Flügel zu fühlen.

Während Sarah verträumt in die innere Weite schaute, dröhnte durch den Lautsprecher die Ansage, dass sich der Flug nach Kairo aus technischen Gründen verzögern würde. Die gleiche Nachricht hallte ein zweites Mal durch das Gate, nun auf englisch. Augenblicklich entstand eine diffuse Unruhe im Raum. Die Menschen blickten von ihren Smartphones auf, der Geräuschpegel nahm zu. Auf der elektronischen Anzeigentafel stand nun zu lesen, dass sich der Flug um voraussichtlich eine Stunde verspäten würde. Sarah holte ihr Flugticket aus dem Rucksack und vergewisserte sich, dass der Zeitpuffer zum Weiterflug von Kairo nach Assuan ausreichend groß war, um die Zeitverzögerung abzufangen.

Gerade wollte sie die Augen wieder schließen, um den inneren Bildern weiter nachzuspüren, als das Kind erneut ihre Aufmerksamkeit auf sich zog. Es hatte mitbekommen, dass sich der Abflug verzögern würde und die Mutter fühlte sich erneut genötigt, dem nun wieder quengelnden Kind ein Spielprogramm anzubieten. Diesmal holte die Mutter ein Kartenspiel aus der Tasche, bei dem das Kind zunächst vergnügt mitspielte. Immer wieder erklangen erfreute Töne des Mädchens, wenn das Kartenspiel zu ihren Gunsten verlief. Bequem in ihren Sitz zurückgelehnt, schaute Sarah dem Spiel zwischen Mutter und Kind zu. Anders als beim Würfelspiel, bei dem das Kind Mal um Mal verloren hatte, gewann es nun Runde für Runde. Hatte die Mutter ganz bewusst die Strategie gewechselt und ließ das Kind nun absichtlich gewinnen, um es bei Laune zu halten? Offensichtlich hatte das Kind gerade die gleichen Gedanken, denn es drängte die Mutter nun lautstark, es nicht absichtlich gewinnen zu lassen und wurde unruhig. Die Mutter dementierte, doch sie klang wenig überzeugend und gab das Taktieren nicht auf. Das Kind gewann weiter, doch es schien keine rechte Freude mehr daran zu haben.

Sarah spürte die zunehmende Dissonanz in der Kommunikation zwischen Mutter und Tochter. Was veranlasste die Mutter zu schummeln? Ging sie bewusst in eine Schonhaltung aus Sorge, das Kind könne bei einer weiteren Niederlage wieder verärgert oder unkontrolliert reagieren? Befand sich die Mutter in der Falle, fremdbestimmt und unreflektiert allen Erwartungen gerecht werden zu wollen? Fühlte sie sich in der Rolle als Mutter ganz einfach manchmal überfordert? Bei der Geburt des Kindes war schließlich keine pauschale Spielanleitung für die Erziehung mitgeliefert worden.
Und was erhoffte sich das Kind von dem Spiel? War es nur der Wunsch zu gewinnen und Aufmerksamkeit zu bekommen? Oder war es nicht vielmehr die Suche nach dem Blick in Augen, die durch alles Äußere hindurch das menschliche Wesen in seiner ursprünglichen Wahrhaftigkeit und Ehrlichkeit sahen?
Sarah fühlte allein durch das Beobachten der Situation die Sehnsucht von Mutter und Kind nach Harmonie, die jedoch von einem Missklang übertönt wurde, der zwischen ihnen schwang.
Sie spielten aneinander vorbei und fanden sich nicht.

Wann würde das Spiel kippen?
In diesem Augenblick riss das Kind ganz unvermittelt der Mutter die Maske vom Gesicht. Ein Blick des Erschreckens offenbarte sich. Damit hatte die Mutter nicht gerechnet. Die Situation eskalierte, als das Kind die eigene Maske auf den Boden warf und der Mutter ins Gesicht schrie: „Du spielst nicht ehrlich. Du gaukelst mir etwas vor und nimmst mich nicht ernst."
Reflexartig verteidigte sich die Mutter mit den Worten: „Dir kann man ja gar nichts recht machen. Jetzt sei still." Die schmalen Lippen der Mutter zuckten, ihre Gesichtszüge waren angespannt. Hinter der Schminke ahnte Sarah die Hilflosigkeit und Erschöpfung der Mutter.

Von ihrem Mann, der gerade geschäftlich telefonierte und sich das freie Ohr zudrückte, erhielt sie einen auffordernden Blick, leise zu sein. Auch die wartenden Fluggäste auf den benachbarten Plätzen starrten nun die beiden vorwurfsvoll an. Zur Mutter gewandt sprach der ältere Herr neben ihr aus, was viele dachten: „Jetzt ziehen sie endlich den Mund-Nasen-Schutz wieder auf. Was erlauben Sie sich eigentlich?“ Hastig verbarg die Mutter ihr Gesicht hinter der Maske und forderte ihr Kind auf, das gleiche zu tun.
„Ich habe aber Durst“ klagte nun das Kind und machte keine Anstalten, die Maske vom Boden aufzuheben. „Anna, mach jetzt kein so Affentheater und zieh das Ding an!“ herrschte die Mutter das Kind nun in strengem Ton an, hob deren Maske vom Boden auf und drückte ihr diese in die Hand.
Im gleichen Augenblick beendete der Vater sein Telefonat und zischte Frau und Kind an: „Herr Gott nochmal was soll denn das Geschrei, ich hatte ein wichtiges Telefonat!“ Keck antwortete das Kind: „Du hast doch immer ein wichtiges Telefonat!“ Der Vater nahm dem Kind die Maske aus der Hand, stülpte sie ihm über und herrschte es mit strengen Worten an: „Wenn du dich jetzt nicht augenblicklich artig verhältst, dann bleibst du hier und Mama und ich fliegen alleine. Also überleg dir genau, was du jetzt machst.“ Den Zeigefinger hatte der Vater erhoben, um seinen Worten noch mehr Ausdruck zu verleihen.

Die Mutter wollte das Kind wieder auf den Schoß ziehen, doch das Kind sträubte sich. Auch die nun angebotene Wasserflasche wies es ab und wollte sich auf den freien Platz zwischen der Mutter und dem älteren Herrn setzen. Dieser scheuchte das Kind jedoch sofort wieder auf und fauchte es mit aufgebrachter Stimme an: „Gehst du da sofort runter! Abstand halten! Das gilt auch für dich.“ Der Vater,

dem die ganze Inszenierung in keiner Weise gefiel, legte seinen Laptop beiseite, stand ruckartig auf, entschuldigte sich bei dem älteren Herrn und zog sein Kind zu sich herüber. Das Kind hielt er mit beiden Händen nun fest im Griff und sagte mit eindringlichen Worten: „Anna, wir sind hier auf keiner Theaterbühne. Du bist jetzt augenblicklich ruhig, oder ich rufe sofort die Oma an, um dich abzuholen. Dann fliegen Mama und ich ohne dich und du bleibst alleine zurück. Hast du mich verstanden?"
Das Kind nickte mit dem Kopf. Die Eltern wechselten ein paar Worte miteinander, doch diese waren für Sarah nicht mehr zu hören, da erneut eine Durchsage aus den Lautsprechern drang mit der Nachricht, der Flug nach Kairo würde sich abermals verzögern. Den Moment allgemeiner Unruhe nutze das Kind, sich aus dem Griff des Vaters zu befreien und kauerte sich nun zwischen den Eltern auf den Boden. Der Mutter zeigte es die kalte Schulter bei deren Versuch, es zu sich hochzuziehen und verschanzte sich, am Boden verharrend, in sich selbst.
Seufzend gab die Mutter auf und lehnte sich nun mit geschlossenen Augen in ihren Sitz zurück. Der Vater war bereits wieder in ein Geschäftsgespräch verwickelt, um die Folgen der Flugverspätung zu organisieren. Der ältere Herr schüttelte mit dem Kopf und suchte nach bestätigenden Blicken, dass dies kein gelungenes Theaterstück sei. Als sein suchender Blick ins Leere ging, zog auch er sich zurück und begann, seine Brille zu putzen.
Jeder war wieder mit sich selbst beschäftigt.
Leise und ungesehen kullerten hinter der Kulisse Kindertränen in eine weiße Maske.

So vieles war Sarah beim Beobachten dieser Szenen durch den Kopf gegangen. Ein paarmal hätte sie am liebsten schlichtend eingegriffen.

Es war schon viele Jahre her, als sie sich selbst geschworen hatte, nie wieder wegzusehen, wenn es galt, hinzusehen. Sie wollte ihrem Herzen treu bleiben und sich keinen Maulkorb mehr aufsetzen lassen, vielmehr ‚Not-wendige' Dinge mutig ansprechen. Sie wollte nicht mehr der Verführung der Scheinharmonie verfallen und in den Chor allgemeiner Beschwichtigungen einstimmen, es sei doch alles gut, wenn nichts in Ordnung war.
Im Laufe ihres Lebens hatte sie gelernt, auch kritische und heikle Themen in wertschätzender Klarheit anzusprechen. Aus der Haltung gegenseitigen Respekts nahm sie selten ein Blatt vor den Mund. Ihre Schülerinnen und Schüler schätzten ihre innere Klarheit und Kompetenz als Lehrerin und die Lebendigkeit, mit der sie das Wissen – manchmal pointiert zugespitzt – vermittelte. Sie ließ sich ein auf die spannenden Fragen, die links und rechts des vorgegebenen Lehrplans winkten und begegnete den jungen Menschen auf Augenhöhe.
Es gehörte zu ihrem Selbstverständnis, die ihr anvertrauten Menschen zu ermutigen, im gemeinsamen Ringen um Erkenntnisse auch in einen wertschätzenden und gleichzeitig kritischen Diskurs einzusteigen, der unterschiedliche Sichtweisen erlaubte.

Sarahs Blick ruhte noch immer auf der Bühne der Akteure, die still geworden waren.
Es war nur eine kleine, dissonante Szene aus dem großen Welt-Theater gewesen. Eine vordergründig unscheinbare und unspektakuläre Alltagssituation, die kaum auffiel. Man hatte sich gewöhnt an solche Töne. Vermutlich wäre diese Szene auch nicht der Erzählung wert, hätte sie nicht zu diesem Zeitpunkt in diesem Warteraum stattgefunden.

Räume, in denen es nichts zu tun gab, man sich einfach geduldig dem Warten hingeben konnte, boten die Chance, aus dem Zeitgefühl der Linearität herauszutreten, um den Augenblick aus einem anderen Blickwinkel zu betrachten.
In der einzelnen Szene war immer das Ganze enthalten. Wie im Kleinen, so im Großen. Und hatte man das große Ganze begriffen, so fand man es in jeder noch so kleinen Szene wieder.

So war es auch jetzt. Allein durch ihr Betrachten und Wahrnehmen der Situation, war Sarah ein Teil des Ganzen geworden und fühlte sich als Mitspielerin. Diese vier Menschen ihr gegenüber, hatten sie berührt. Sie hatten ihr Herz berührt. Sie wollte mit ihnen einen Dialog aufnehmen.
Diese tiefe Sehnsucht in ihr, dissonante Töne in Harmonie zu verwandeln, begleitete sie ihr ganzes Leben. Sie wusste zwar, auch aus vielen erlebten Erfahrungen, dass sie nicht die ganze Welt retten konnte. Doch dort, wo sie sich gerufen fühlte, war sie bereit, ihren Beitrag zu leisten.

Wie gerne hätte sie ihr Herz sprechen lassen und einfach auf die Bühne gerufen:
„Ist das, was ihr aussprecht, wirklich das, was ihr tief im Inneren fühlt?
Habt ihr euch schon so an die alten Spiele von Macht und Ohnmacht gewöhnt, dass ihr gar nicht mehr hört, wie sehr ihr aneinander vorbeiredet?
Fühlt ihr denn gar nicht mehr, wie ihr euch selbst verbiegt und gegenseitig klein macht?
Wem dient dies denn?
Ist es wirklich das, was ihr spielen wollt?

Wann seid ihr bereit, aus den alten Rollen-Spielen herauszutreten, um euch ganz neu zu begegnen?
Wann habt ihr den Mut, hinter die Fassade zu sehen – hinter die ganze Maskerade und alle äußeren Unzulänglichkeiten, um euch wirklich zu sehen?
Fühlt ihr nicht den Wunsch, aus eurer Verletzlichkeit und Einsamkeit herauszukommen?
Erkennt ihr euch denn gar nicht mehr, in eurer ursprünglichen Reinheit und Wahrhaftigkeit und Sehnsucht, eins zu sein?
Wann wacht ihr auf, um die Bühne einer alten Welt zu verlassen?“

Was hielt sie davon ab, so zu sprechen?
Es waren die vielen mitunter schmerzlichen Erfahrungen im Kostüm menschlichen Daseins. Wie oft hatte Sarah schon selbst erlebt, dass immer dann, wenn Menschen in den alten, verbrauchten Rollen-Spielen und abgenutzten Kostümen stecken blieben und sich versteckten, Kommunikation anstrengend wurde.
Sarahs guter alter Freud namens ‚kritischer Verstand‘, der gewohnt war, pragmatisch aus der Kosten-Nutzen-Strategie heraus zu denken, mahnte sie, den Mund zu halten und im Zuschauerraum zu verweilen.
Denn anders als in der Funktion als Lehrerin in der Schule hatte sie hier und jetzt, in diesem Spiel, weder einen Auftrag, noch eine offizielle Rolle.
Hätte sie es dennoch versucht, wäre vermutlich auch Sarah in den Strudel der Missverständnisse hineingezogen worden und all ihr Bemühen wäre womöglich als grenzüberschreitend und besserwisserisch angekommen, auch wenn dies nie ihr Beweggrund gewesen wäre.

Doch selbst dann, wenn man mit den anderen Mitspielern übereinstimmend vereinbart hatte, dass man selbst eine bestimmte Rolle in einem klar definierten Kostüm zu tragen hatte, war dies noch keine Garantie, auch wirklich verstanden zu werden. Es war nicht einfach, die passenden Worte im richtigen Moment zu finden und manchmal genügten kleine Gesten oder Untertöne und die gesendete Nachricht verfehlte die eigentliche Botschaft.
Oder das Gesagte traf den Empfänger an einer empfindlichen Stelle und löste eine unkontrollierte innere Kettenreaktion von Interpretationen und Emotionen aus, dass man unvermittelt auf das Bühnenbild eines Dramas rutschte. Manchmal konnte man auch sagen was man wollte, probierte unterschiedlichste Kanäle der Kommunikation aus und doch traf kein Satz, kein Wort das, was man wirklich meinte.
So oft schon war Sarah an der Begrenztheit der Linearität menschlicher Sprache gescheitert. Traurig und manchmal auch einsam war sie dann zurückgeblieben in einem alten Kostüm, das zu eng geworden war.

Wenn Worte Menschen nicht mehr erreichten, weil sie eher verwirrten und trennten, wie konnte man sich dann verständigen? Gab es noch eine andere Sprache? Sarah fühlte in die Melodie ihres Herzens, das weder ein vorgeschriebenes Drehbuch noch eine Regieanweisung benötigte.
Diese Töne schwangen in einer anderen Frequenz, jenseits der Worte.

Es galt, den inneren Punkt zu finden, der wie durch ein Tor in neue Räume führte.

Wenn dies geschah, dann öffnete sich der enge Reißverschluss des menschlichen Kostüms und die Flügel der Leichtigkeit trugen in einen erweiterten Blick.

Dann war es, als schaue man mit einem milden, wohlwollenden Lächeln auf die Bühne herunter und ahnte, dass die vielen, bunten Rollen-Spiele nur ein winziger Ausschnitt eines noch viel größeren und großartigeren Gesamtkunstwerkes darstellten.
Gelang es, dass Menschen aus dieser Perspektive heraus miteinander in einen Dialog traten, dann fühlte sich alles so leicht und frei an.
Man brauchte nur ein bisschen Mut, sich wahrhaftig zu zeigen, zu offenbaren und zu begegnen von Herz zu Herz.

Dann war es wie ein Schweben über den Barrieren aller Missverständnisse.
Dann war alles klar und alles war gesagt, weil es nichts zu sagen gab.
Auch diese Augenblicke kannte Sarah.

Diese magischen Momente waren wie ein gemeinsames Tanzen auf dem Regenbogen.
Worte wurden zu Musik.
Und alles war einfach.

Noch immer in Gedanken versunken, ob und wie sie sich aus der Zuschauerposition in das pausierende Schauspiel einklinken könnte, entspannte sie ihre verkrampften Schultern, die sie unbewusst hochgezogen hatte und atmete tief durch.
Ihr Herz hatte sich zu Wort gemeldet.

Ein liebevolles Mitgefühl öffnete nun Sarahs inneres Sehen. Mit geschlossenen Augen ruhte ihr Blick auf den Menschen, die ihr gegenübersaßen.

Sarah fühlte die Angst des älteren Herrn vor Ansteckung und Krankheit.
Hinter seiner Angst vor Kontrollverlust und dem Tod schimmerte durch seine Einsamkeit hindurch die Sehnsucht nach der Berührung durch das Leben.

Das eiserne Leistungskorsett des Vaters erzählte von Stress und permanentem Druck, den beruflichen Anforderungen gerecht werden zu müssen.
Hinter seiner Angst zu versagen lag der Wunsch, aus dem Hamsterrad auszusteigen und eine zarte Sehnsucht nach Leichtigkeit, um sein Herz endlich wieder zu fühlen.

Die müden, geschlossenen Augen der Mutter sprachen über deren Hilflosigkeit im angestrengten Bemühen, es stets allen recht machen zu wollen und ihre gefühlte Schuld, wenn sie doch immer wieder in ihrem Bemühen scheiterte.
Hinter ihrer Angst, nicht gut genug zu sein, war die Sehnsucht, die Fäden der Marionette durchzuschneiden, um sich selbst aus der inneren Kraft heraus wieder aufzurichten.

Die Tränen des Mädchens sangen das Lied der Verwunderung über Spielregeln dieses Lebens, die ihr Herz nicht verstand.
Hinter ihrer Angst, in dieser Welt eine Fremde zu bleiben, leuchtete die Hoffnung auf ein Wunder, dass die Wunden aller Menschen heilen mögen, um einander wieder zu umarmen.

Ein inneres Lächeln, das niemand sah, hatte sich auf das Gesicht von Sarah gelegt. Immer dann, wenn sie wie auf einer unsichtbaren Verbindungsbrücke durch alle noch so widrigen Äußerlichkeiten hindurch das Lichtvolle im Menschen wahrnahm, dann fühlte sie, wie ihr eigenes Herz sich weitete.
Dann schwebte ein heilender Segen über der ganzen Situation und hob ganz von selbst aus der Schwere heraus.

Da blitzte Sarah plötzlich der Schalk aus den Augen. Sie hatte eine Idee. Schnell tauschte sie ihre Mund-Nasen-Bedeckung gegen eine andere aus, die sie aus ihrer Jackentasche zog. Nun baumelte mitten in ihrem Gesicht auf der weißen Maske, mit Druckknopf versehen, eine große, runde, knallrote Clownsnase. Der Anblick war erheiternd.
Kaum hatte Sarah diese Maske aufgezogen, da erklang ein silberhelles Lachen. Sofort floss das Leben durch den kleinen Körper des Kindes und gelenkig wie es war, sprang das Kind auf und rüttelte die Mutter, die vor sich hingedöst hatte. „Guck mal Mama, ein Clown!“ und sie zeigte mit ihrer Hand auf Sarah, die ihr direkt gegenübersaß. Die Mutter öffnete die Augen. Ein heiteres Lachen im Blick der Mutter. Der Vater, ebenfalls aufgefordert von seinem Kind aufzuschauen, schmunzelte und klappte seinen Laptop zu.
„Das ist ja eine lustige Maske“ nickte die Mutter erst der Tochter zu und schaute dann mit neugierig interessiertem Blick zu Sarah. Diese legte den Kopf zur Seite und ihre Worte hüpften wie heitere Töne auf die Bühne:
„Wir können dem ganzen Theater doch auch mit einer Prise Humor begegnen!“

Die Mutter nickte mit dem Kopf und auch der Vater stimmte ihr mit Blick auf seine Uhr zu: „Ja, das ist wohl wahr. Na, hoffentlich geht's bald los." Jetzt lachte auch der ältere Herr auf und wandte sich an Sarah: „Ja, das ist wohl wahr, das Theater mit Humor nehmen, haha, ja, das ist wohl wahr." Jeder der Anwesenden hatte den Satz von Sarah etwas anders verstanden, doch das machte nichts. Das gemeinsame Lachen schaffte etwas Verbindendes.

Während das Mädchen aus ihrem rosafarbenen Rucksack einen roten Filzstift kramte und nun mit größter Selbstverständlichkeit eine Clownsnase auf ihre eigene Maske malte, ohne dass sich jemand daran störte, wandte sich der Vater an Sarah: „Wie kamen Sie denn auf diese Idee?" Nun erzählte Sarah, dass sie, inspiriert durch die Teilnahme an einem Clowns-Seminar vor einigen Jahren, ihre rote Nase gelegentlich im Schulunterricht hervorhole und über ihre positiven Erfahrungen, damit schnell und effektiv Situationen zu entdramatisieren.
Mit der roten Nase, so Sarah, wolle sie an den ‚inneren Clown', jenen Aspekt im Menschen erinnern, der mit einer natürlichen Heiterkeit auf spielerische Art belastende Situationen auf heilsame Weise entschärfen könne. Vor ein paar Wochen habe sie von einem ihrer Schüler diese Maske mit der roten Nase geschenkt bekommen. Sie hatte sich darüber gefreut und sich fest vorgenommen, sich den Humor niemals nehmen zu lassen – auch dann nicht, wenn es im außen wenig zu lachen gab.
Von Sarahs Worten angeregt, überlegte der Mann nun laut, sich ebenfalls eine solche Maske zu besorgen und dass er gespannt sei, wie seine Mitarbeiterinnen und Mitarbeiter im Team darauf reagieren würden. Sarah nickte ihm ermutigend zu, dass man damit ein

Zeichen setzen könne, sich selbst und die eigene innere Anspannung nicht so verbissen ernst zu nehmen.
Indem man heiter und liebevoll über sich selbst lache, schaffe man eine wohltuende Distanz zum eigentlichen Problem und könne somit aus dem gewonnenen Abstand den Blick für Lösungen öffnen.
Und wenn der innere Clown erwache, dann fühle man plötzlich das Geheimnis der Paradoxie: der Lust am Scheitern. Vor allem für die Perfektionisten auf der Lebensbühne sei es eine Befreiung, das Leistungskorsett, immer und allzeit perfekt funktionieren zu müssen, etwas aufzuknöpfen.

Als habe Sarah mit ihren Worten einen Zugang zu seinen Energiequellen freigelegt, hatte der Mann plötzlich eine zündende Idee und meinte über den schmalen Gang hinweg etwas näher zu Sarah vorgebeugt: „Na, die Nummer mit dem Clown könnte ich auch bei meinem Chef ausprobieren. Wir sind ‚per du' und haben eine gute Basis. Doch einige seiner Entscheidungen und Maßnahmen sehe ich kritisch und ich habe eine andere Sicht. Und manchmal stimmt es einfach nicht, was er sagt. Was wohl geschieht, wenn ich mir eine Clownsnase aufsetze und zu ihm folgendes sage: 'Wenn du schon lügst, dann gib es doch ehrlich zu.' Wird er die Konfrontation aushalten?"
Sarah lachte und zuckte mit den Schultern: „Vielleicht … probieren Sie es doch einfach einmal aus."

Es war ihr bewusst, dass hinter dem Tragen eines Clownskostüms eine hohe Kunst verborgen lag. Was nach außen leicht und spielerisch wirkte, war das Ergebnis eines langen inneren Prozesses.
Die Technik allein führte nicht wirklich zum Ziel. Es ging um mehr als darum, eine rote Nase zu tragen. Diese war lediglich ein Symbol.

Vielmehr ging es um die innere Haltung, die immer bei sich selbst begann. Als Clown bewegte man sich in einem neutralen Raum jenseits der Spielregeln von vorgegebenen Vorstellungen und Ordnungen, die Handlungen in ein ‚richtig' und ‚falsch' einteilten. Auch wenn der Clown ein Kostüm trug, so zeigte er sich nackt auf der Bühne. Die Nacktheit war seine Ehrlichkeit und sein Mut, sich das Spiel von niemandem vorschreiben zu lassen.
Das Denken und Absichern mit dem Blick auf fremde Regieanweisungen mussten in den Hintergrund treten, um fremde Kostüme, die man oft unbewusst trug, wirklich fallen zu lassen.
Das war die Herausforderung, sich selbst fallen zu lassen – hinein in das eigene Vertrauen und die Intuition, die einzig dem Herzen folgte.

Und der Clown wusste, dass er und niemand anders für die gewählten Schritte auf der Bühne des Lebens die Verantwortung trug.

Manchmal war das Tragen der Verantwortung bei aller Leichtigkeit des Spiels eine schwere Herausforderung. Vor allem dann, wenn der Clown – ähnlich wie der frühere Hofnarr – sich erlaubte, dem Gesprächspartner einen Spiegel vorzuhalten. Welch Freude, wenn das clowneske Spiel glückte, der Groschen fiel und der Mensch über sich selbst und seine eigene Unzulänglichkeit liebevoll lachen konnte.

Humor konnte Brücken bauen und war so heilsam.

Doch selbst als Clown lachte man manchmal am anderen vorbei. Nicht immer gelang das heitere Spiel. Selbst dann, wenn der Clown alle Regeln der Komik beachtete und mit Worten gekonnt jonglierte,

konnte es vorkommen, dass der andere dem Blick in den Spiegel nicht standhielt. Dass er nicht wahrhaben wollte, was er sah.
Und manchmal war die spielerische Darstellung, auch wenn sie dem Wohle aller diente, wie ein Ritt auf Messers Schneide. Das Risiko war bekannt. Auch früher war der Hofnarr selten eines natürlichen Todes gestorben. So war es lange gewesen …

Und dennoch und trotzdem. Wie hieß es so schön? „Wer nicht wagt, der nicht gewinnt."
Sarah nickte dem Mann nochmals aufmunternd zu und ergänzte mit einem Augenzwinkern: „Ja, ich würde es an Ihrer Stelle einmal probieren, ihrem Chef reinen Wein einzuschenken. Und wenn es gar nicht klappt, dann können Sie ihn immer noch entlassen!"
Der Mann lachte auf und nickte Sarah zu: „Ja, ich gewinne Gefallen an dem Gedanken und mein Chef wird bekommen, was er selbst immer wieder einfordert: dass wir Führungskräfte in unserer Vorbildfunktion den Mut haben, mit konstruktiver Provokation aufzurütteln, um in Bewegung und Veränderung zu führen."

Bewegung kam jetzt auch ins Gate, denn gerade kam über die Lautsprecher die Information, dass nun das Boarding für den Flug nach Kairo für die Passagiere mit der Beförderungsklasse ‚First Class' beginne. Auch wenn sein Blick Interesse verriet, den Dialog mit Sarah fortzusetzen, galt es nun, andere Prioritäten zu setzen und er rief ihr durch das nun lautere Stimmengewirr freundliche Abschiedsworte zu.
Das Mädchen, das nun zwischen Mutter und Vater auf je einem Oberschenkel gesessen hatte, hüpfte vergnügt vom Sitzplatz herunter und griff nach der Hand der Mutter. Sarah spürte ein dankbares

Lächeln der Mutter und erwiderte auch deren Abschiedsgruß mit einem freundlichen Kopfnicken.
Sarah, die ‚Economy Class' gebucht hatte und noch etwas warten musste, schaute der Familie nach, die sich nun in die Warteschlange zur Kontrolle der Bordkarte eingereiht hatte. Das Mädchen mit der aufgemalten Clownsnase drehte sich noch einmal um und winkte Sarah zu. Sarah winkte zurück.
Ein lächelndes Winken von Clown zu Clown.

Sarah holte ihr Flugticket aus dem Rucksack und machte sich startklar, um sich wenig später ebenfalls einzureihen. Sie hatte dem älteren Herrn Vortritt gelassen und stand nun wartend in der Schlange hinter ihm. Als er sich zu Sarah umdrehte und unvermittelt fragte, ob ein Clown auch etwas Lustiges zu sagen habe, wenn ein Mensch Angst habe vor dem Tod, hielt sie einen Moment inne.
Über den Tod zu lachen war ein gesellschaftliches Tabu-Thema. Es dennoch zu tun, eine Gratwanderung. Man musste sehr achtsam vorgehen, dass die Leichtigkeit des Humors nicht in die Schwere von Ironie und Sarkasmus hinunterrutschte. Sie wollte diesem Menschen, der sie nun fragend anschaute, auf keinen Fall zu nahetreten, was bei jeder Antwort leicht passieren konnte.
Der inneren Spontaneität und Intuition folgend, sprang sie in das Wagnis hinein, hielt seinem Blick stand und antwortete ganz locker: „Wenn Sie Angst haben, das mit dem Tod nicht hinzukriegen, kann ich Sie beruhigen. Das haben schon so viele vor Ihnen geschafft."
Sein spontanes Lachen signalisierte ihr, dass er sich auf das Spiel eingelassen hatte und sie fuhr fort: „Ich glaube, es war viel schwieriger, das große Los zu ziehen, um auf die Bühne des menschlichen Lebens zu gelangen. Wieder herunter zu kommen, wird schon klappen." Der Mann lachte nun laut auf und bediente sich ebenfalls

der symbolhaften Sprache: „Das ist wohl wahr. Irgendwann ist jedes Spiel zu Ende. Dann suchen wir uns eben ein neues Spiel.“ Sarah nickte ihm zu. „So machen wir das. Es ist ja nicht das erste Mal. Außerdem sind wir doch schon Profis. Wir sterben doch das ganze Leben. Jeden Tag und in jedem Augenblick lassen wir das Alte hinter uns, um weiter zu gehen.
Jetzt sollten wir bitte auch weiter gehen ...“
Sarah deutete mit der Hand nach vorne, um zu signalisieren, dass der Schalter geöffnet war und es los ging. Mit einer angedeuteten Verbeugung drehte sich der Mann nun wieder um und murmelte vor sich hin: „Ja, dann gehe ich einfach weiter ...“

Als Sarah wenige Minuten später bereits die Kontrolle passiert hatte, fiel ihr Blick auf den Würfel, den das Mädchen von sich weggeschleudert hatte. Er war bis ans Ende des Gates gerollt und lag nun hier an der großen Glasscheibe. Sarah bückte sich zu dem Würfel und hob ihn auf. Sie wollte ihn dem Mädchen zurückgeben. Noch ein paar Meter ging es durch die Fluggastbrücke, die wie ein beweglicher Tunnel an das Flugzeug andockte, dann wurde sie an Bord des Flugzeugs von einer Stewardess freundlich begrüßt.
Als sie den schmalen Gang, der zu den Sitzplätzen führte, betrat, erblickte sie sogleich die Familie, die bereits in der ersten Reihe Platz genommen hatte. Sarah zeigte dem Mädchen den Würfel mit den Worten: „Schau mal, was ich gefunden habe“ und wollte diesen zurückgeben. Doch das Mädchen antwortete Sarah: „Den Würfel brauche ich nicht mehr. Du kannst ihn behalten.“
Nun war nicht der richtige Zeitpunkt für eine Fortsetzung des Gesprächs, denn die Passagiere von hinten drängten, so dass Sarah den Würfel mit einem freundlichen „in Ordnung“ in die Jackentasche steckte und weiter ging. Ihren Sitzplatz fand sie im hinteren

Bereich des Flugzeuges und rückte hinter zum Fensterplatz. Die beiden Plätze neben ihr blieben unbesetzt.
Während die Stewardess die Passagiere über die Sicherheitsanweisungen informierte, rollte das Flugzeug bereits über die Startbahn und hob wenig später geschmeidig in die Lüfte.

Die Clownsmaske tauschte Sarah nun wieder mit ihrer vorherigen Maske aus und verstaute sie ebenfalls in der Jackentasche.
Nach diesem kleinen Auftritt in der Rolle des Clowns war es ihr danach, aus dem Scheinwerferlicht herauszutreten, die Augen zu schließen und dem nun müden Körper in der anonymen Unsichtbarkeit etwas Ruhe zu schenken.

2. Kapitel:
Es sind nur Schattenspiele, dahinter ist das Licht

Es war schon weit nach Mitternacht, als Sarah an Deck des kleinen Motorbootes saß, das sie hinüber zur Insel fuhr. Die Großstadtgeräusche von Assuan verhallten in der Dunkelheit und vor ihr, bereits sichtbar, die Beleuchtung des großen Hotels. Unter ihnen der Nil und am Himmel leuchtete der zunehmende Mond. Gleich würden sie das Ziel erreicht haben, doch Sarah hing gedanklich noch ein bisschen am Flughafen fest. Im Grunde war alles gut gegangen bis zu dem Zeitpunkt, als sie ungläubig auf das stillstehende Förderband gestarrt hatte. Ihr Koffer war nicht dabei gewesen und hatte sich nirgendwo finden lassen.

Nun beugte sie sich über die Reling und schaute auf das Wasser hinunter, auf dem sich tausend kleine Lichtfunken der Sterne spiegelten. „Mach dir nicht so viele Gedanken“, sagte sie zu sich selbst. Vielleicht war das Verschwinden des Koffers wie ein Zeichen, dass sie im außen keinen Griff mehr zum Festhalten benötigte. Der Inhalt bestand hauptsächlich aus Kleidung, ihrem Sonnenhut, Büchern und dem Beautycase. Hatte sie nicht selbst vor ein paar Stunden in heiterer Gelassenheit zu dem älteren Herrn gesagt, dass es im Leben doch ständig darum gehe, Altes hinter sich zu lassen, um weiter zu gehen?

Hier war es also schon, das nächste Lernfeld.

In dieser Nacht sollte Sarah noch viel mehr hinter sich lassen als nur ihren Koffer.
Es gab keinen nachvollziehbaren Grund für das beklemmende Gefühl, das in ihr aufkam, sobald sie den Boden der Insel, die zu Assuan gehörte, betreten hatte. Dennoch war es da, dieses Gefühl von Enge, als lege sich ein unsichtbarer, dunkler Mantel über sie.
Der junge Ägypter, der für den Shuttle-Service vom Flughafen zum Hotel zuständig war und sie in die Rezeption begleitete, war sehr freundlich und sie wurde, obwohl es mitten in der Nacht war, herzlich in der großen, hellbeleuchteten Hotellobby empfangen. Nach dem Einchecken und Erledigen aller Formalitäten zur Hygieneordnung, betrat sie ihr großzügiges Appartement und schloss hinter sich die Türe. Das Bad war sauber, ein Doppelbett an der Wand, Schränke, Tisch und Stuhl, ein Sessel in der Ecke. Alles, was man eben brauchte für ein paar Tage. Nun war sie also angekommen. Sie hatte es geschafft, das Ziel erreicht.
Warum freute sie sich nicht? Aus unerklärlichem Grund war ihr gerade mehr nach Weinen zumute. War es die Erschöpfung nach der langen Reise? Dabei hatte sie doch im Flugzeug geschlafen und fühlte sich nicht wirklich müde. Ihren Rucksack legte sie auf den Tisch, es gab nicht viel Gepäck zum Ausräumen. Dann suchte sie nach dem Schalter, um die Klimaanlage auszumachen. Es war kalt im Zimmer und sie fröstelte. Wie konnte sie dieses beklemmende Gefühl abschütteln, das immer mehr Raum in ihr nahm?

Die schweren Vorhänge schob sie beiseite, öffnete die Schiebetüre und trat hinaus auf den Balkon ins Freie. Die Nächte waren in Ägypten selbst im Winter mild. Von hier oben konnte man auf die beleuchtete Gartenanlage hinunterschauen. Dahinter der Nil und auf der anderen Seite des Flusses ein langgezogener sandiger Hügel.

Wochenlang hatte sie sich auf diese Reise gefreut und jetzt wäre sie am liebsten sofort wieder nach Hause gefahren. Nein, sie konnte es sich gar nicht vorstellen, wieder ins Zimmer zu gehen und an schlafen war auch nicht zu denken. Hier draußen, den Nil in Sichtweite, ließ es sich besser aushalten.

Sie dachte an Mara und holte ihr Smartphone aus der Jackentasche. Gerne hätte sie jetzt mit ihr gesprochen, doch es war mitten in der Nacht. Was hätte Mara ihr gesagt? Als stünde die Schwester neben ihr, fühlte sie die Worte: „Sieh dir das, was hinter dem Gefühl der Enge steht, liebevoll an, verabschiede dich davon und dann gehe weiter."

Das, was sich in ihr gerade so eng und starr anfühlte, wollte Sarah wieder in einen inneren Fluss bringen und sie war bereit, sich mit den Themen hinter den Emotionen auseinander zu setzen. Es war ja nicht das erste Mal und sie wusste darum, dass es ein mitunter schmerzhafter Prozess war, sich von den alten Fesseln des Leids zu lösen.
Sie ging ihn schon so lange, diesen Weg, der immer mehr in die innere Freiheit führte. Immer wieder wagte sie den Weg, Schritt für Schritt.
Es erforderte Geduld und eine große Portion zärtlichen Mitgefühls sich selbst gegenüber.

Hier draußen auf dem Balkon, unter dem Sternenhimmel Ägyptens, nahe des Nils, wollte sie verweilen und die inneren Bilder betrachten. Sie ließ sich auf dem Korbsessel nieder und streckte ihre Füße bequem auf dem kleinen Hocker aus. Flugticket, Clownsmaske und Würfel, die noch in der Jackentasche waren, legte sie neben sich auf den runden Beistelltisch.

Beim Anblick dieser drei Gegenstände fühlte sie ein inneres Lachen. Es war ihr, als nehme sie sich selbst an die Hand und ließ sich führen von einer heiteren Musik, die sie in einen imaginären Zuschauerraum führte.

Sie hatte eine Eintrittskarte und war bereit für das Spiel.

Das heitere Lachen kam von der Person, die direkt neben Sarah Platz genommen hatte. Sarah schaute ihr in die Augen und erkannte sich selbst. Im gleichen Augenblick hatte diese Person eine Clownsnase auf und zwinkerte ihr zu.
„Komm, lass uns einen Blick werfen auf die Bühne menschlichen Daseins, ohne uns im Drama zu verlieren.
Ich zeige dir Szenen wie Bilder, die du betrachten kannst. Falls du beim Anblick der bewusst überzeichneten Theaterszenen so etwas wie Hilflosigkeit, Wut oder Aggression fühlen solltest, dann nimm diese Emotionen nicht auf und wahre deinen Platz im Zuschauerraum. Gehe nicht in einen inneren Aufschrei, denn damit würdest du nur deine Kraft vergeuden.

Schau dir das Treiben auf der Bühne einfach nur an. Am besten mit einem heiteren Schmunzeln im Gesicht.“
Sarah ließ sich darauf ein …

Sie schloss ihre Augen und schaute aus leicht erhöhter Sitzreihe auf eine kreisförmige Bühne herab. Vergleichbar mit einem antiken Amphitheater gab es auch über diesem Rundtheater kein Dach, sondern es war nach oben zum Himmel geöffnet.

Aus dem Zuschauerraum hinunterschauend sah sie lichtvolle Sternenwesen in einem Kreis auf der runden Bühne sitzen. Es war wie ein Kreis im Kreis. Sie sangen in Eintracht und Harmonie einen zwölfstimmigen Kanon und die Freude strahlte aus ihren Gesichtern. Die Sonnenstrahlen erwärmten die warmen Steine, auf denen sie saßen. Und in der Mitte in einer großen Feuerschale brannte ein mächtiges Feuer. Eine Atmosphäre von Leichtigkeit und Weite lag in der Luft.

Doch dann, aus der Ferne, zunächst kaum hörbar und nicht bemerkt, ein leises Grollen und der Himmel verfinsterte sich. Plötzlich, wie aus dem dunklen Nichts, ein gleisender Blitz, dem ein dröhnender Donner folgte. Ein gewaltiger Sturm fegte die lichten Wesen von der Bühne und sie waren verstreut in alle Himmelsrichtungen. Das himmlische Singen war verstummt.

Die letzten Ausläufer des mächtigen Blitzes zuckten durch die dunkle Nacht.
Ludwig van Beethovens fünfte Sinfonie erklang. Während die Noten und mit ihnen die Klänge der großen Schicksalssinfonie auf die Erde fielen, umspannte ein riesengroßer durchsichtiger Spielwürfel das gesamte Theater. Die runde Bühne steckte nun wie in einem eckigen Käfig fest. Ein Vorhang trennte jetzt die Bühne in zwei gleich große Teile. Der vordere Teil war sichtbar, der hintere Teil blieb im Unsichtbaren verborgen.

Im gleichen Augenblick wurde ein kleinerer, gläserner Spielwürfel mitten auf die sichtbare Bühne geworfen. In diesen Würfel eingezwängt saß eine lichtvolle Gestalt und nannte sich fortan ‚Mensch'. Neben dem einen Würfel fielen ganz viele Würfel auf die Bühne und in jedem einzelnen saß ein Mensch.

Aus dem Herzzentrum des Menschen strahlte ein leuchtendes, loderndes Feuer. Der eckige Raum, der ihn umschlossen hielt, war so eng, dass sich der Mensch darin kaum bewegen konnte. Nun fühlte er die Schwere seines Körpers.
Mit den Fußsohlen berührte er zwei schwarze Punkte, die zum Boden zeigten und die Zahl zwei markierten. Mit dem Kopf stieß er trotz seiner kauernden Position an die gläserne Decke, an der fünf schwarze Punkte zu sehen waren. Links und rechts die Wände mit den runden Markierungen für die Zahlen drei und vier. Die Rückseite zeigte sechs Augen. Die Handinnenflächen hatte der Mensch gegen die gläserne Wand des Würfels gepresst und zwischen seinen Händen ein Auge für die Zahl eins.
Der Schock, in diesem dreidimensionalen Spielwürfel gekäfigt zu sein, spiegelte sich wider in dem entsetzten Blick des Menschen. Wie lebendig begraben in einem Sarg, versuchte er vergeblich, diesen zu verlassen.
Die letzten Töne Beethovens Sinfonie Nummer fünf in c-Moll ertönten, dann war es still.

Während der Mensch mit seiner Muskelkraft mühsam versuchte, eine Seitenwand des Würfels aufzudrücken, öffnete sich ganz von allein der Deckel des Würfels. Man musste den Blick erheben und sich aufrichten, dann konnte man aus der Enge herauskriechen. Der ganz große Würfel, der das Gesamttheater umspannte, blieb jedoch geschlossen.

Die Spiele im Kostüm menschlichen Daseins waren eröffnet.

Der ‚innere Clown' neben Sarah sprach zu ihr:

„Wir könnten uns nun die heiteren Spiele in den bunten Kostümen der Freude und Lebenslust betrachten und uns das Herz erwärmen lassen beim Anblick von Bewegungen aus Mitgefühl und Liebe.
Doch jetzt richten wir mutig den Blick auf die Rollen-Spiele der Angst, denn diese scheinen gerade Hochkonjunktur zu haben und auch dich zu beschäftigen. Wenn wir sie gemeinsam betrachtet und erkannt haben und ihrer müde sind, dürfen sie gehen …"
Sarah hatte verstanden und war einverstanden. Sie ließ sich ein, auf das, was sich auf der Bühne gleich zeigen würde:

Es gab Menschen, die blieben im Würfel stecken, denn sie wagten nicht den ersten Schritt. Die Angst vor Veränderung und vor der eigenen Lichtkraft, schwächte sie immer mehr und irgendwann richteten sie sich ein in der komfortablen Enge der eigenen vier Wände.
Während sie die inneren Flügel willenlos hängen ließen, flackerte das Feuer im Herzen auf Sparflamme herunter. Sie hatten sich in der Illusion der Minderwertigkeit verkrochen und den Glauben an sich selbst verloren.
Verblendet beteten sie Scheinriesen an und merkten nicht, wie sie sich in Abhängigkeiten verstrickten. Sie gaben anderen die Macht und erstarrten in der eigenen ‚Ohn-Macht'. Jammernd über ihre missliche Situation schalteten sie irgendwann den Motor der Sehnsucht nach innerer Freiheit ab und vergaßen, wer sie wirklich waren.
So spielten sie lange das Spiel der Selbstaufgabe in der Opfer-Rolle.

Andere hatten es zwar aus dem Würfel herausgeschafft, doch sie gingen ihren eigenen Weg nicht weiter. Sie ließen sich immer wieder

von den Schreien der Steckengebliebenen, die jedoch nicht bereit waren, an ihrer Situation etwas zu verändern, um den Finger wickeln. Sie fühlten sich verantwortlich für die Freiheit der Gefangenen und verausgabten sich im vergeblichen Bemühen, diese aus ihren Käfigen herauszuziehen. Im Scheitern erlagen sie der Illusion von Schuld, nicht helfen zu können.
Versuchten sie die eigene Flamme zu nähren, um glücklich zu sein, wurden sie von vorwurfsvollen Rufen der anderen zurückgehalten. So blieben auch sie stecken im schlechten Gewissen und drosselten die eigene Lebensflamme, denn sie erlaubten sich nicht, frei zu sein.
Durch blinden Aktivismus ließen sie sich ablenken und verloren den Blick für sich selbst. Verführt und umschmeichelt von der schillernden Vorstellung, für andere wichtig zu sein, erbauten sie sich im Spiel der Selbstdarstellung. Die heimliche Angst, nicht mehr gebraucht zu werden, spornte sie immer wieder an zum vergeblichen Bemühen, andere zu befreien.
So rannten sie im Teufelskreis um die Würfel der anderen herum und spielten das Spiel in der hilflosen Retter-Rolle.

Auf der Bühne gab es auch jene, die sich zwar nach vorne gewagt hatten, doch dann vom eigenen Zweifel, der sie entzweite, überrollt worden waren. Sie misstrauten dem eigenen Lichtfeuer und konnten sich in der eigenen Schwäche und Kleinheit selbst nicht leiden.
Sie hatten sich in der Illusion der Trennung verloren und versuchten, der inneren Einsamkeit zu entfliehen. Aus Angst, in der Bedeutungslosigkeit ganz unter zu gehen, erhöhten sie sich selbst in Siegespose auf einem Podest. Mit dem kalten Licht ihres grellen Gewandes, behängt mit Orden und Krone, die ihrer äußeren Wichtigkeit Ausdruck verleihen sollte, versuchten sie, Menschen an sich zu ziehen. An ihren Lippen

hingen bewundernd jene, die sich durch Worte hatten manipulieren oder durch persönliche Vorteile hatten verführen oder bestechen lassen. Wer sich ihnen nicht unterwarf, dem jagten sie Angst ein vor Sanktionen und wer sich nicht hatte binden lassen, den verfolgten sie mit Worten der Aggressivität: „Du gehörst mir!“ Die eigene Angst, verlassen zu werden, verlieh ihnen eine grenzüberschreitende Kraft.
So spielten sie das Spiel von Intrige und Machtmissbrauch und sie rissen in der Täter-Rolle an sich, was sie zur Machterhaltung benötigten. Zu ihren Füßen lagen die Besiegten, gewaltsam hineingepfercht in einen noch kleineren Spielwürfel.

Schließlich gab es noch diejenigen, die der Illusion kompletter Absicherung anheimgefallen waren. Beeindruckt und eingeschüchtert vom Gebaren der Mächtigen, wichen sie vor ihrer eigenen Würde der Selbstverantwortung aus und legten ihre Antworten in die Hände der vermeintlich Wissenden.
So orientierten sie sich am Mainstream und vertrauten selbst schrillen Klängen mehr als der eigenen inneren Stimme. Sie wollten nicht aus dem Rahmen fallen und versteckten sich hinter der Meinung der anderen im grauen Sicherheitskostüm.
Der ursprünglich leuchtende innere Schein wurde überstrahlt von der Selbsttäuschung im Schatten der Schein-Harmonie.
Die Angst vor Kontrollverlust und sozialer Ausgrenzung, Verrat und Sanktionen machte sie gefügig und willenlos. Sie redeten anderen nach dem Munde und merkten nicht mehr, dass ihr eigenes Lied unter dem Maulkorb längst verstummt war.
Von falschen Versprechungen und Vorstellungen anderer ließen sie sich blenden und verloren dabei wie blinde Maulwürfe mit Sonnenbrille ihr eigenes Augenlicht.

Dieses Spiel in der Mitläufer-Rolle war besonders beliebt und wurde immer wieder und wieder gespielt.

Das waren die alten Rollen-Spiele der Angst.
Es gab ganz unterschiedliche Kostüme, doch im Grunde glichen sie einander, denn man konnte in ihnen die Erfahrung von Enge und Schwere machen. Manche hatten die Spiele so weit perfektioniert, dass sie in den beengenden Gewändern keine Luft mehr bekamen oder sie hatten sich in den Bindungen, Ketten und Fesseln so verknotet, dass sie sich nicht mehr bewegen konnten.
Das eigentliche Drama lag darin, dass die Menschen so sehr mit diesen Rollen-Spielen beschäftigt waren und sich an ihre Kostüme gewöhnt hatten, dass sie den lichten Funken, der noch in ihren Herzen glomm, vergessen hatten.
Es gab so viele Möglichkeiten und Methoden, den Schmerz der Sehnsucht nach dem lodernden Feuer und den Flügeln der inneren Freiheit abzutöten, dass sie immer mehr in die Illusionsfelder der Angst herabgesunken waren und diese nun als ihre reale Wirklichkeit betrachteten. So merkten sie gar nicht mehr, wie verkrampft sie an diesem Kampf festhielten und wie viel Leid und Zerstörung diese Spiele aus der Bewegung von Angst bereits mit sich gebracht hatten.

Doch es gab sie immer wieder, trotz aller Dichte und Dunkelheit …
Auch mitten unter den Rollen-Spielen der Angst.
Ob von den Menschen bemerkt oder nicht … die lichten Momente.

Es waren Augenblicke, in denen der Himmel die Erde küsste.
Leicht wie Sternenstaub …

Hell wie das Winken der Sonne …
Augenblicke, die das Herz berührten.

Wer jenen lichten Augenblicken Beachtung schenke, spürte den leisen Funken im Herzen. Und wer sich führen ließ von dem inneren Ziehen, das der Sehnsucht entsprang, sich wieder zu erinnern, wer er wirklich war, der machte sich auf den Weg, die einzelnen Schichten der engen und schweren Kostüme abzulegen. Darunter kamen die helleren Kostüme zum Vorschein und sie waren bestrebt, konstruktiver und differenzierter mit ihren jeweiligen Rollen und Funktionen sowie den damit verbundenen Erwartungen umzugehen.
So begannen immer mehr Menschen, die Illusions-Felder der Angst und des Gefangenseins in den alten Rollen-Spielen zu hinterfragen.

Dann traten sie in Erscheinung, unscheinbar und leise, kaum bemerkt.
Die Pioniere, die ihre Kostüme ganz ablegten und den Mut hatten, sich zu zeigen.
Da standen sie – nackt auf der Bühne.
In ihrer Ehrlichkeit und Zartheit.

Sie ahnten, dass die fünf Sinne, mit denen sie ausgestattet waren, sie in die Irre führen konnten und wollten die Sprache des Herzens wieder erlernen.

Wer bereit war, die alten Vorstellungen abgenutzter Bindungen und begrenzter Spielfelder in ein neues Licht zu erheben, dessen inneres Feuer leuchtete auf und er begann zunehmend von innen nach außen zu strahlen.
Die inneren Flügel hatten begonnen zu wachsen.

Erst verhalten, dann immer lauter, erklang eine neue Musik. Und manche Menschen begannen, wieder zu singen.
Mit dem Singen fand das Lachen Einzug auf der Bühne und die Atmosphäre wurde leichter und lichter.

Was Einzelne bereits vorhergesehen oder erahnt hatten, wurde langsam offensichtlicher: Das Ende eines uralten Spiels wurde eingeläutet.

Aus der nahen Ferne waren die ersten Klänge einer großartigen Sinfonie hörbar. Die Musik erinnerte an die Töne des zwölfstimmigen Kanons, der einst durch den Kreis geschwebt war.

Müde und unlustig, am Treiben der alten Kampf-Spiele länger teilzunehmen, machten sich Menschen bereit, die verschlissenen Koffer mit den alten Kostümen zurück zu lassen.
Eine Aufbruchstimmung lag in der Luft.

Doch was geschieht, wenn Menschen einfach aufstehen und die Bühne verlassen? Manchen Mitspielern ging dies zu schnell und sie wollten an den Vorstellungen alter Spielregeln festhalten.
Noch waren diese nicht bereit, die vertrauten Spielfelder zu verlassen und brauchten Mitspieler, um ihre eigenen Erfahrungen zu vervollständigen. Die Bewahrer der alten, dunklen Spiele waren wenig erfreut über den Klang neuer Töne. So heckten sie eine Strategie aus, und versuchten, die Menschen an die alten Kostüme zu binden.

Der letzte Akt im Drama – der letzte Kampf eines uralten Spiels hatte begonnen.

Während sich das Bühnenbild verfinsterte, dröhnte ein mächtiger Donner durch den Raum. Kraftvoll und gleisend schlug nun ein Blitz auf der Bühne ein, gefolgt von einem ohrenbetäubenden weiteren Donner. Zurück blieb durch den Blitzeinschlag ein breiter, trennender Graben.
Es erweckte den Anschein, als gehe die Strategie auf, denn Menschen wurden in Panik versetzt und verkrochen sich in ihre Würfel. Schrille Schreie aus Lautsprechern, die in allen Ecken aufgestellt wurden, warnten vor erneuten Blitzeinschlägen und verpflichteten die Menschen, sich in ihre Würfel zurückzuziehen. In vielen wurde die dunkle, traumatische Erinnerung an den einstigen trennenden Blitz, der sie entzweit und zerrissen hatte, wachgerufen und sie erschraken zutiefst.

Die Rollen-Spiele der Angst waren noch immer in den Köpfen der Menschen und über so viele Generationen einstudiert und geübt, so dass es nicht allzu schwerfiel, die Menschen dazu zu bewegen, sich in graue Kostüme zu zwängen, die hastig verteilt wurden. Die gesichtslosen, eingehüllten Gestalten mussten sich einreihen in die Schlange zur emotionalen Fahrt in die Enge. Es war ein leichtes Spiel, sie dazu zu bewegen, sich auf Rutschbahnen zu setzen, auf denen sie in unterirdische Gänge befördert wurden, um sich dort in ihren eigenen, kleinen Würfeln in vermeintliche Sicherheit zu bringen.
Während der Fahrt in die Dunkelheit der Panik erwachte in manchen der Zweifel an der vorgegebenen Richtung nach unten. Sie wollten umkehren, doch oben auf der Bühne hatten die machtvollen Choreografen den starren Totentanz verordnet, der nicht von der Stelle kam, und drohten mit dem alles vernichtenden Blitzeinschlag. Einsam und zurückgezogen in ihren alten, eckigen Würfeln, die immer kleiner wurden, erstarrten viele in der ‚Ohn-Macht'.

Wer den Kopf aus den dunklen Gängen streckte, um zu prüfen, ob auf der Bühne noch alles mit rechten Dingen zugehe, bekam zur Strafe einen Trunk verabreicht, der Schuldgefühle produzierte und den kritischen Verstand lahmlegte. Aus den Lautsprechern dröhnten immer wieder die kalten Geräusche von Blitz und Donner in der Endlosschleife. Man sollte an nichts anderes mehr denken und so wurde der Clan düsterer Emotionen immer wieder über die Bühne gejagt.

Schließlich wurden alle Spiele zum großen Finale noch einmal aus der Mottenkiste herausgeholt. Lüge und Intrige, Stigmatisierung und Ausgrenzung, Verrat und Denunziation – es waren die ewig gleichen Instrumente im Kampf der Dunkelheit gegen das Licht.
Es war das alte Spiel von Macht und ‚Ohn-Macht'.
Über Äonen gespielt. Es war ein Auslaufmodell, auch wenn es äußerlich betrachtet noch nicht danach aussah.

Die lichten, hellen Töne, die nach Hause riefen, hatten unterdessen weitergespielt und das uralte, ewige Lied tanzte in die Weite.

Die Musik hatte ihre Flügel ausgebreitet und war nicht mehr aufzuhalten.

Erst waren es einzelne, dann wurden es immer mehr Menschen, die das Lied in ihrem Herzen vernahmen und dem inneren Licht mehr Glauben schenkten als dem äußeren, grellen und blendenden Neonlicht.

Sie standen auf.
Friedvoll.

Mit einem stillen Lächeln im Gesicht.

Denn sie hatten genug von den alten Spielen und auch sie waren nun nicht mehr aufzuhalten.
Sie wollten ein neues Lied singen.
Ein neues Lied, das zum Ursprung und Ziel nach vorne zurückführte.

Sie lauschten nach innen, auf das innere Ziehen, das nach Hause zog.
Und erinnerten sich an den Kreis, der nicht eckig war, sondern rund.

Ein Würfel hatte nur sechs Zahlen. Wo waren die anderen Zahlen geblieben? Die sieben, die acht, die neun und die null? Auch sie gehörten in den Kreis, der nicht eckig war, sondern rund.

Blieb man bei der Zahl sechs stehen, griff man zu kurz.
Der Würfel war Symbol der Begrenztheit.
Es war ein beengendes Spiel mit Ecken und Kanten und der Erfahrung bewusster Reduktion.

Das Leben selbst war viel weiter und größer und lud alle Zahlen ein, in den großen Kreis, der alles vereinte.

Der Wind der Freiheit erhob in die Weite und sang sein Lied in die Herzen der Menschen:
„Überwinde die Begrenztheit vorgegebener Zahlen und lass dich vom Flügelschlag der magischen Zahl berühren."

So machten sie sich auf den Weg, einer nach dem anderen und es wurden immer mehr. Die Menschen fühlten den inneren Aufbruch in die Magie des Herzens.

Der Weg heraus aus der Enge war nicht ohne Risiken und so war der erste Schritt die Bereitschaft, das Wagnis einzugehen.
Man musste es auch wollen, aus ganzem Herzen wollen.
Und es war wichtig, sich auf das wahre Wissen zu stützen. Es ging um das Wissen der Herzensweisheit.
Die größte Herausforderung auf diesem Weg lag in der Kunst des Schweigens. Im Schweigen konzentrierte sich die Kraft, die dann von innen nach außen leuchtete.

Im letzten Akt ging es darum, die alten Fesseln von Leid, Schuld und Tod als Illusionen der Angst zu erkennen und mutig hinter sich zu lassen.

Nun waren die Menschen gerufen, sich zu entscheiden, dem Ruf des Herzens zu folgen und sich zu zeigen, jeder dort, wo er stand.
Sich zu erinnern an das innere Feuer.

Sich aufzurichten in die eigene Würde.

Es war an der Zeit, über alle Absurdität hinweg, verbindende Brücken zu bauen, einander versöhnend die Hände zu reichen, um friedvoll in den gemeinsamen Kreis einer lichten, neuen Ebene hinein zu tanzen …

Die Töne der Musik schwebten dem Finalsatz entgegen.
Sie war bereits zu erahnen, die Freude schöner Götterfunken …
Die Freude hatte ihre Flügel ausgebreitet.

Am Himmel ein Falke.

Er war durch den großen, gläsernen Würfel hindurchgeflogen und hielt den eigenen kleinen Spielwürfel fest in den Krallen.

Er schaute nicht mehr zurück und folg der Sonne entgegen.

Als er am Himmel kaum mehr sichtbar war, da öffnete er seine Krallen und ließ den alten Würfel fallen.
Nun war er frei.

Das Spiel war aus.
Es war vollbracht.

Sarah atmete tief durch und schaute dem ‚inneren Clown' in die Augen. Die karikiert dargestellten Szenen hatten sie berührt.
So viele Ur-Themen waren auf die Bühne getreten und hatten sich gezeigt. Beim Anblick der dunklen, absurden Theaterszenen war ihr wahrlich nicht zum Lachen zumute gewesen und sie hätte am liebsten gerufen: „Danke, das genügt. Ich habe genug gesehen!" Doch dann hatte sie sich erinnert, die Bilder einfach nur zu betrachten, ohne Wertung.

Nach einer Weile des Schweigens, wandte sich Sarah zum ‚inneren Clown': „Eine Frage habe ich noch: Was befindet sich auf der Bühne hinter dem Vorhang? Wir hatten nur Einblick auf den vorderen, sichtbaren Bereich."
Mit einem heiteren Blick sagte der ‚innere Clown': „Komm, ich zeige dir, was im Bereich des Unsichtbaren liegt."
Als Sarah die Augen schloss, sah sie eine leuchtende Spielwiese und konnte erkennen, wie lachende Wesen miteinander über ihren künfti-

gen Spielplan sprachen und die Erfahrungen, die sie auf der Bühne des Lebens machen wollten.
Ihr Blick ruhte nun auf zwei Personen, die gleich aus dem lichten Feld heraustreten würden, um auf den sichtbaren Teil der Bühne zu treten. Die beiden verbeugten sich und segneten das Licht im anderen. Dann dankten sie sich für die Bereitschaft, einander zu dienen in der Erfahrung des Rollen-Spiels, das sich ‚Mensch-Sein' nannte und für die Herausforderungen, die sie sich gegenseitig schenken würden. Sie schauten sich noch einmal in die Augen, ganz tief.
Es war ein Blick von Herz zu Herz und sie wussten, dass sie Brüder waren. Sie wussten auch um das Vergessen, sobald sie auf die Bühne treten würden, denn dies gehörte zum Spielplan dazu. In ihrem Blick lag auch das vorweggenommene Verzeihen, wenn sie sich hinter den Rollen und Maskierungen nicht mehr erkennen würden und der Illusion von Feindbildern erliegen sollten.
Es war ein Blick voll Sanftmut und grenzenlosen Mitgefühls aus dem Wissen der Einheit.

Es fiel Sarah schwer, die grotesken Szenen von Verrat, Missbrauch und Leid mit diesen lichten Wesen in Einklang zu bringen. Der ‚innere Clown' legte ihr liebevoll den Arm auf die Schulter und meinte:

„ALLES ist Ausdruck der göttlichen Schöpfung. Es gibt nichts, aber auch gar nichts, was außerhalb der alles umfassenden Liebe existiert, denn nichts fällt aus dem EINEN Kreis heraus.
Auch wenn sich dies bei weitem unserer menschlichen Vorstellungskraft entzieht, dennoch ist es so."

Während Sarah sich für die inneren Bilder bedankte, kam ihr noch eine letzte Frage:
„Und wer bist du?"
Der innere Clown lachte herzhaft auf. „Sag bloß, du hast noch nicht verstanden, wer ich bin. Na ja, mich kann man auch nicht verstehen. Ich bin kein Kind des Verstandes. Vielmehr liebe ich es, dem Verstand gelegentlich auf der Nase herum zu tanzen.
Ich mag es, albern zu sein und aus tiefstem Herzen zu lachen.
Ahnst du jetzt, wer ich bin?
Du kennst mich, ich bin immer bei dir, auch wenn du mich nicht siehst. Ich stehe hinter dem Vorhang und bleibe gleichzeitig in direkter Verbindung mit dir.
Ich bin ein Aspekt deiner Seele und nenne mich ‚heitere Gelassenheit'.

Als Bote zwischen Himmel und Erde möchte ich dir helfen, das, was du siehst, in einem neuen Licht zu betrachten.

Lass dich nicht blenden von dem, was du mit deinen irdischen Augen siehst.
Vieles ist anders als es erscheint."

Sarah hatte verstanden. Ihr Herz hatte verstanden.
Heilsame Worte tauchten in ihr empor …

Es sind nur Schattenspiele.
Dahinter ist das Licht.

3. Kapitel:
Die Suche nach der magischen Zahl

Als Sarah ihre Augen öffnete, glitzerten die Sonnenstrahlen bereits auf dem Nil. Der monotone, orientalische Gesang des Muezzins, der zum Gebet rief, schwebte entlang des Flusses zu ihr empor. Irgendwann in den frühen Morgenstunden war sie dann doch eingeschlafen, hier draußen im Sessel, auf dem Balkon. Neben ihr auf dem Tisch lagen noch immer das Flugticket, die Clownsmaske und der Würfel. Was für eine Nacht …
Die Spiele der Angst, geboren aus der Erfahrung von Machtmissbrauch und Ohnmacht, zogen sich also wie ein roter Faden durch die Geschichte. Doch hinter dem roten Faden leuchtete ein silbergoldenes Lichtband, das den Weg über sich selbst hinaus wies zur Auferstehung der eigenen göttlichen Ur-Kraft.
Tief im Inneren fühlte Sarah, dass es Zeit war, von der Bühne mit den alten Spielen abzutreten und die verschlissenen Kostüme abzulegen.

Gähnend streckte sie ihre Arme in die Höhe, zog die warme Fleecejacke aus und ging unter die Dusche, um sich zu erfrischen. Wie gut, dass sie im Handgepäck ein paar Kleidungsstücke mitgenommen hatte. Ungeschminkt, in leichtem Sommerrock und dem kurzärmeligen Shirt ging es nun weiter. Das Frühstück wurde wahlweise in den klimatisierten Innenräumen oder im Freien serviert. Sarah entschied sich für einen Tisch auf der großen Terrasse mit Blick auf den Nil.

Die Sonne schien angenehm auf ihren Rücken und sie genoss den heißen Kaffee mit dem frisch gebackenen Fladenbrot. Dazu ließ sie sich dankbar einen Obstteller mit Datteln, geschälten Mango- und Organgenscheiben und einer Portion frischem Granatapfel servieren.
Die freundliche Aufmerksamkeit, mit der sie vom Service-Personal des Hotels überall empfangen wurde, berührte sie. Die Menschen hatten gelernt, mit ihren Augen und ihrem Körper zu lächeln. Ein innerer Reichtum strahlte Sarah entgegen, der ihr Herz erwärmte.
Sarah dachte an die Worte des Ägypters, der in der Nacht den Transferdienst vom Flughafen zum Hotel übernommen hatte und auf ihre Fragen bereitwillig eingegangen war. In einem ohnehin armen Land, das vom Tourismus lebte, war die wirtschaftliche Not, die der Zusammenbruch der ganzen Tourismusbranche mit sich gebracht hatte, sehr groß. So viele Menschen kämpften um das reine Sicherstellen der Grundbedürfnisse. Auch war es keine Seltenheit, dass Kinder zum Betteln geschickt wurden, statt in die Schule zu gehen. Sarah wusste um die materielle Armut, in der Menschen dieses Landes lebten und gleichzeitig wurde sie überall mit so viel Herzlichkeit beschenkt.
Ein älterer Mann hatte ihr mit einem Strahlen in den Augen die Türe geöffnet, die zur Terrasse führte, ein anderer reichte frischgepressten Orangensaft und wieder ein anderer fragte höflich nach, ob er nochmals Kaffee nachschenken dürfe. Eine junge Frau, die nicht verschleiert war, schmückte hingebungsvoll die Tische mit Blumensträußen und rückte die Stühle zurecht.

Sarah erinnerte sich an effiziente und perfekt optimierte Prozessabläufe in deutschen Hotels und Gaststätten und hatte sofort das Bild

geschäftigen Treibens mit einem Hang zur Überforderung hinter aufgesetztem Lächeln im Kopf.
Beim Anblick der vielen leerstehenden Tische auf dieser großen Terrasse und den wenigen Touristen, war das Service-Personal rein funktional betrachtet in keiner Weise ausgelastet. Ein bisschen erschrak sie vor ihren eigenen Gedanken, wie sinnvoll es unter wirtschaftlichem Aspekt sei, dass dennoch so viele Angestellte des Hotels derzeit im Einsatz waren und ob man durch Rationalisierung nicht Kosten sparen könne. Gedanken und Wertungen aus der Prägung einer anderen Sozialisation. Sie wollte keine Stereotype bedienen und schon gar nicht in eine schwarz-weiß-Kategorisierung abrutschen.
Was war es, was Sarah so faszinierte, wenn sie den Menschen hier bei ihrer Arbeit zusah, auch wenn deren Tun dem eigenen Anspruch an Effektivität, der so lange Raum in ihr genommen hatte, widersprach?
Auch wenn es vordergründig betrachtet nicht viel zu tun gab, so sprach jeder Handgriff und jede Geste von Hingabe und Präsenz. Vielleicht war es auch die Dankbarkeit, arbeiten zu dürfen und die Bereitschaft, das Wenige miteinander zu teilen, was Sarah so berührte.

In der Würde der Langsamkeit lag ein innerer Reichtum.

So stellte sie sich erneut die ewigen Fragen: Was ist Armut? Was ist Reichtum?
Was sah man auf der Bühne und was schimmerte dahinter?
Das Sichtbare und das Unsichtbare lagen so nah beieinander.

Als sich eine Frau am Nachbartisch ihr gegenüber hinsetzte und Sarah auf deutsch ansprach, wurde sie aus ihren Gedanken gerissen. Die Frau war deutlich jünger als Sarah und wirkte vom Erscheinungsbild sehr attraktiv. Sie kamen in einen lockeren Austausch über das angenehm warme Klima, die Hotelanlage und was es in der Umgebung zu sehen gäbe. Der übliche freundliche Smalltalk. Irgendwo tat es auch gut, die eigene Stimme in der vertrauten Sprache wieder zu hören. Die Frau war eloquent und hatte Sarah schnell in ein Gespräch verwickelt. In den letzten Zügen des Frühstücks, lehnte sich Sarah mit ihrer Tasse Kaffee entspannt zurück und ließ die Frau reden.

Wissenschaftlerin sei sie, im Fach Biologie und arbeite an einem wichtigen Forschungsprojekt in Kairo. Gerade mache sie ein paar Tage Urlaub hier im Süden des Landes. Sarah interessierte sich generell für Menschen und deren Lebensgeschichten und hörte ihr zu, wie sie von ihrer Arbeit berichtete. Auch wenn sie in einem großen, internationalen Konzern arbeite, in dessen Firmengrundsätzen Werte wie Gleichberechtigung aller Nationalitäten und Geschlechter verankert wären, sei es in einem Land, in dem das Patriarchat vorherrsche, extrem schwer, sich als Frau zu behaupten. Sarah hörte ihr aufmerksam und verständnisvoll zu und stellte hin und wieder Fragen.

Die Wissenschaftlerin redete sich in Fahrt und ihre Gesichtszüge bekamen zunehmend einen verbissenen Ausdruck. Mehrere Jahre habe sie dafür kämpfen müssen, bis sie endlich die Projektleitung erhalten habe, obwohl sie mit Abstand die besten Qualifikationen vorweisen könne. Nicht ohne Stolz berichtete sie von ihrer Promotion und den Erfolgen, die sie nachweisen könne. Doch selbst jetzt, seit sie zusätzlich die Führungsgewalt erhalten habe und fünfzehn Mitarbeiter disziplinarisch unter sich habe, müsse sie ständig aufpassen, dass niemand an ihrem Stuhl säge. Es sei wichtig, die Mitarbeiter an der kurzen Leine zu führen, um die Kontrolle über sie zu wahren, denn Intrigen, Neid und Missgunst stünden auf der Tagesordnung und man brauche viel Geschick, in keine Tretmienen zu geraten und sich immer wieder aus der Schusslinie zu entziehen. Mit einem verbitterten Lachen ballte sie mit der rechten Hand eine Faust und meinte: „Wir Frauen dürfen uns nicht unterkriegen lassen und müssen gegen die Männer kämpfen!“ Da lag es zwischen den beiden Frühstückstischen, das emotionale Pulverfass.

Das Kriegsvokabular, das die Wissenschaftlerin verwendete, hatte Sarah frösteln lassen und sie fühlte sich von deren emotionalem Ausbruch etwas überrollt. Ein fordernder Blick starrte Sarah an.

Sie durfte und wollte sich nicht auf einen emotionalen Kampf einlassen und hätte sich jetzt am liebsten aus dem Gespräch verabschiedet. Intuitiv ahnte Sarah, dass die Frau, die ihr gegenübersaß, wenig Offenheit für einen differenzierten Blickwinkel mitbrachte.

Dennoch war sie allein durch ihr empathisches Zuhören so weit in ein Gespräch eingestiegen, dass sie jetzt nicht einfach gehen konnte und legte ihre Sicht auf den Tisch. „Ich kann Sie gut verstehen, dass es als Frau nicht immer einfach ist, in einer männerdominierten Arbeitswelt die eigene Position zu finden und die gewünschte Akzeptanz zu erhalten. Ich teile mit Ihnen die Ansicht der Notwendigkeit, uns einzusetzen für eine Welt, in der wir Menschen auf Augenhöhe miteinander leben und arbeiten. Und ich bin dankbar für all die mutigen Frauen, die bereits aufgestanden sind aus der Unterdrückung und den Weg zu einer Gleichberechtigung von Mann und Frau geebnet haben.

Auch finde ich es wichtig, dass wir die Zivilcourage haben, den Mund aufzumachen, wenn Grundrechte missachtet werden und bei Grenzüberschreitungen klar und deutlich ‚Nein‘ sagen.“

Sarah suchte die Brücke über das Pulverfass hinweg zu spannen und lächelte die Wissenschaftlerin freundlich an, dann fügte sie hinzu: „Gleichzeitig sehe ich den Kampf nicht als geeignetes Mittel an, um das Ziel der Gleichberechtigung zu erreichen. Wir kommen nicht weiter, wenn wir im alten Kampf zwischen ‚Mann' und ‚Frau' hängen bleiben …"
Stirnrunzelnd fiel die Wissenschaftlerin Sarah ins Wort und schoss ihr die Worte entgegen, als fordere diese sie zum Duell auf: „Männer werden die Macht nicht freiwillig hergeben. Wir Frauen müssen sie in die Knie zwingen!"
Jetzt war es doch explodiert, das Pulverfass und Sarah fragte sich, was der eigentliche Beweggrund der Frau sei, in eine emotionale Konfrontation zu gehen. Suchte sie in Sarah eine ideologisch Gleichgesinnte oder sprach sie aus einem Defizit von Anerkennung heraus? Zwar hatte sie keine Antwort auf ihre Frage und wollte sich nicht in Zuschreibungen und Interpretationen verlieren, gleichzeitig spürte sie hinter dem Schutzpanzer der Wissenschaftlerin das Leid einer verletzten Seele.

Noch einmal versuchte Sarah die Brücke zu spannen und sagte mit ruhiger Stimme: „Solange wir die alten Feindbilder nähren, schaffen wir Gräben und kommen aus den Erfahrungen von Leid und Schmerz nicht heraus. Nicht das Trennende, sondern das Verbindende führt aus dem alten Schlachtfeld der Machtspiele heraus.
Ich bin eine Frau und ich bin gerne eine Frau – doch vor allem bin ich ein Mensch. Auch sehe ich im anderen weniger den Mann oder die Frau, sondern ebenfalls den Menschen."
Sarah hatte Impulse für einen anderen Blickwinkel auf den Tisch gelegt und schaute der Frau offen in die Augen. Als diese schwieg, wagte sie sich einen Schritt weiter vor und knüpfte an das stille

Angebot an: „Im Grunde haben wir Menschen doch sowohl den Aspekt der Männlichkeit als auch den der Weiblichkeit in uns und es gilt, beide Aspekte harmonisch miteinander zu verbinden.
Wenn ich in mir selbst Frieden schließe und beide Anteile in mir in eine innere Balance führe, habe ich den Kampf im außen nicht mehr nötig."
Das friedvolle Angebot blieb liegen. Kampfeslustig fällte die Wissenschaftlerin nun ihr kategorisierendes Urteil: „Ach, Sie sind ja ein naiver Idealist! Sie haben doch keine Ahnung, was da draußen abläuft!"
Nun hatte die Wissenschaftlerin die Keule der Entwertung aus der Tasche gepackt und für einen Augenblick musste Sarah schlucken.
Was lief hier ab?
Doch sie wollte sich auf keine Fälle provozieren lassen und blieb emotional standfest. „Ob ich ein Idealist bin, weiß ich nicht, doch ich bin überzeugt davon, dass eine gesunde Portion Idealismus hilfreich ist, um einen Beitrag zu leisten, die Welt ein bisschen besser zu machen."
Die Wissenschaftlerin stand ruckartig auf und entgegnete spöttisch: „Wenn Sie meinen und dafür Zeit übrighaben. Ich muss jetzt gehen, denn ich habe gleich eine Video-Konferenz. Wissen Sie, in meiner Position hat man nicht wirklich Urlaub. Ich wünsche Ihnen einen schönen Tag." Und schon hatte sie Sarah den Rücken zugedreht und war gegangen.

Sarah blickte ihr nach und atmete tief durch. Auch wenn es ihr im Wesentlichen gelungen war, nicht in eine emotionale Resonanz zu gehen, kosteten solche Gespräche Kraft.
Sie richtete den Blick in die Weite und fühlte nun die Sehnsucht, einen Ort zu finden, an dem sie direkt zum Nilufer gelangen könne.

Dankend lächelte sie der jungen Frau zu, die das restliche Frühstücksgeschirr abtrug und machte sich auf den Weg, das Hotelgelände zu erkunden.

Zurück durch die große Empfangshalle trat Sarah zum Haupteingang hinaus ins Freie und schlug den Weg ein, der zur Schiffsanlegestelle führte, wo sie in der Nacht angekommen waren. Mehrere Schiffe ruhten nun in der späten Vormittagssonne auf dem Wasser. Es war nichts los. Kein Mensch zu sehen. Jetzt bei Helligkeit sah man gut zum Festland von Assuan hinüber.
Sarah schlenderte den breiten Promenadenweg entlang, der eingesäumt zwischen einer niederen Steinmauer mit Blick auf den Nil und einer Allee hochwüchsiger Dattelpalmen vor ihr lag. Die Hotelanlage war großflächig und führte hinter dem Hauptgebäude zu mehreren kleineren Bungalowanlagen. Nur selten begegnete sie einem Menschen und hielt immer wieder inne, um sich an den Maulbeerfeigen, Bananenstauden, Orangenbäumen, Nilakazien und Zypressen zu erfreuen. Besonders liebte sie die großen Dattelpalmen, deren Stämme aus dem kargen Boden in die Höhe wuchsen und ihre Wedel in den Himmel streckten.
Der Weg führte sie weiter durch die blühende Parkanlage des Hotels und immer wieder roch sie an den Blüten der pinkfarbenen Bougainvillea und erfreute sich am leuchtenden Rot des Hibiskus.

Ihre Schritte waren langsamer geworden und sie hatte das Gefühl, allmählich innerlich anzukommen.
Hier in der Natur unter der wärmenden Sonne Ägyptens fühlte sie, wie ein innerer Druck nachließ.

Am Rande der Hotelanlage, zwischen zwei großen, alten Johannisbrotbäumen, war ein schmales Tor zu sehen, das aus der Hotelanlage herauszuführen schien. Sarah zögerte kurz, dann öffnete sie die quietschende, rostige Türe und ging einen schmalen Sandweg entlang.
Nach ein paar Metern war ein kleines Häuschen mit weit ausladender Terrasse zu sehen, dessen Wände bunt angestrichen waren. Ein paar Sitzgruppen unter schattenspendenden Sonnenschirmen und dahinter ein kleiner Tresen wiesen darauf hin, dass dieses Haus als Café oder Bar gedient hatte. Auch wenn kein Mensch zu sehen war und das Gebäude einen verwaisten Eindruck machte, war es ihr, als höre sie ein buntes Lachen hinter den Wänden.

Der Weg führte weiter über den sandig-steinernen Boden und sie gelangte zu einem nubischen Dorf mit einer Siedlung eng bebauter kleiner Häuser. Die morbiden Hauswände boten ein wenig Schatten vor der Mittagssonne, die nun hoch am Himmel stand. Stromleitungen hingen notdürftig befestigt an den Häuserfassaden, von denen der Putz abbröckelte. Hinter niedrigen Lehmziegelwänden ein paar Ziegen und eine gespannte Wäscheleine. In der Ferne die moderne Architektur des großen Hotelkomplexes.
Sarah hielt einen Moment inne, um die krassen Gegensätze, die sich ihr in dem einen Blick offenbarten, in sich zu verbinden.

Da sprang ein kleines Mädchen von vielleicht vier Jahren aus einer bunt bemalten Haustüre heraus und schaute Sarah lachend an. In ihrem schwarzen, krausen Haar, das zu kleinen Zöpfen geflochten war, hingen rosafarbene Bänder mit Schleifen. Das Mädchen trug eine kurze, weiße Hose mit einem Shirt, auf dem ein lachender Katzenkopf zu sehen war mit der Aufschrift ‚Be happy'. Vermutlich

kamen nicht allzu viele Touristen an diesen abseits gelegenen Ort, denn Sarah wurde nun ganz offenherzig und neugierig von dem kleinen Kind angeschaut.
Als wolle das Mädchen mit den sprachlichen Mitteln, die ihm zur Verfügung standen, Kontakt aufnehmen mit der fremden Frau, zählte sie auf englisch nun mehrmals hintereinander auf drei. Während sie der Reihe nach Daumen, Zeige- und Mittelfinger in die Luft streckte, tönte immer wieder der Dreiklang „one, two, three" durch die engen Gassen. Sarah war berührt von der natürlichen Herzlichkeit, die das Mädchen ausstrahlte und kniete zu ihr nieder. Intuitiv erwiderte Sarah den Sprechgesang und zählte mit dem Kind nun immer wieder gemeinsam auf drei.
Ein stilles Lächeln schwebte über ihren Köpfen.

Da trat ein Mann mittleren Alters aus dem Haus und blieb, angelehnt an den Türrahmen, stehen. Das Mädchen schaute zu dem Mann hoch, der ihr lachend zunickte. Er wandte sich zu Sarah und meinte: „She is my daughter and education is important."
Hinter den Beinen des Mannes schaute nun ein kleiner Junge hervor, der ein Stück Brot in der Hand hielt, von dem er sich kleine Bissen abbrach und in den Mund steckte. Kauend lachte er Sarah zu und hüpfte, ermutigt vom Vater, zu seiner älteren Schwester heraus auf den sandigen Weg. Aus dem Sprechgesang entwickelte sich ganz spielerisch und ganz von selbst eine einfache, harmonische Melodie und der Junge begann, seine Hüften im Rhythmus zu schwingen und sich zu drehen. Während der Junge mit der freien Hand nach der Hand der Schwester griff und beide nun zu tanzen begannen, wiegte Sarah, nach wie vor am Boden kniend, ihren Oberkörper hin und her und der Vater klatschte zum Takt.

Die äußerlich betrachtet gegensätzlichen Welten, aus denen sie kamen, waren verbunden in diesem Augenblick der Freude und Leichtigkeit.

Sie sangen das gleiche Lied.

Es bestand aus nicht mehr und nicht weniger als drei Zahlen und dennoch war alles darin enthalten, was die Herzen erhob.

Im Nachhinein konnte Sarah nicht mehr sagen, wie lange sie gemeinsam in diesem Lied verweilten … es waren Augenblicke von Ewigkeit.

Sie trug noch das lachende Winken der Kinder und des Vaters in ihrem Herzen, als sie sich wieder auf den Rückweg machte.
Erneut war sie durch das schmale Tor hindurch gegangen, das zurück zur Hotelanlage führte. An den Johannisbrotbäumen vorbei, schlug sie nun eine andere Richtung ein, die auf die andere Seite der großen Parklandschaft führte.
Noch immer hielt sie Ausschau nach einem geeigneten Ort, an dem sie direkt zum Nilufer gelangen konnte und ging weiter entlang der großen Poolanlage. Von dieser Seite des Nilufers aus konnte sie nun zu ihrem Balkon hochschauen, auf dem sie die Nacht verbracht hatte.

Einen Augenblick hielt sie inne beim Anblick der Fülle roter Hibiskusblüten. Das leuchtende Rot strahlte ihr magisch entgegen.
Ein älterer Gärtner, der beschäftigt war, die blühende Hibiskushecke mit einem Wasserschlauch zu bewässern, grüßte freundlich und

Sarah lächelte mit einer herzlichen Geste zurück, wie schön der Hibiskus sei. Sie konnten sich sprachlich kaum verständigen, der Gärtner konnte kein Englisch und sie beherrschte die Landessprache nicht.
Und dennoch gelang es beiden, einander zu verstehen, denn jeder war dem anderen auf der Brücke des Herzens entgegengekommen. Als der Gärtner Sarah einen Zweig mit roten Hibiskusblüten schenkte, verneigte sie sich dankend vor ihm und legte die Hand auf das Herz. Er antwortete mit der gleichen Geste und Sarah fühlte sich erneut reich beschenkt.

Ein paar Meter weiter führte ein schmaler Weg an Schilfgewächsen und Bambusrohr direkt hinunter an das Nilufer. Endlich hatte sie eine geeignete Stelle gefunden, um dem Fluss ganz nah zu sein. Sarah zog ihre Sandalen aus und trat achtsam über den steinigen Boden direkt zum Wasser. Ein größerer Stein bot eine Sitzgelegenheit und sie streckte ihre nackten Füße bis zu den Knöcheln in das seichte Nilwasser. Auf diesen Moment hatte sie sich so gefreut.
Nun fühlte sie das Wasser des Flusses, der ihr bereits beim letzten Aufenthalt in Ägypten auf so magische Weise vertraut war. Da lag er vor ihr, der Nil, in seiner weichen Schönheit. Sarah fühlte, wie sich ihr Herz weitete und alles, was sich noch verstockt anfühlte, in einen inneren Fluss kam.
Es war ihr, als lösten sich Zeit und Struktur immer mehr auf. Hingebungsvoll versank sie im Verweilen in der Fülle des Augenblicks.

Irgendetwas in ihr zuckte zusammen, als eine laute Frauenstimme sie ansprach. In die Zeitstruktur der Gegenwart zurück katapultiert, erkannte Sarah beim Umdrehen die Wissenschaftlerin vom Frühstück, die wenige Schritte hinter ihr stand.

„Ich habe Sie gesehen und muss Sie warnen, dass es gefährlich ist, die Füße ins Wasser zu strecken. Manche Fabriken umgehen die Gesetze und leiten ungefiltert ihre Abwässer in den Nil. Auch Haushaltsabwässer verunreinigen den Fluss und vor allem durch ausgespülte Pestizide und Dünger wird der Fluss verseucht. Das kann zu gefährlichen Hautkrankheiten führen. Wissen Sie das nicht?" Sarah nickte ihr zu und antwortete mit wenigen Worten: „Ja, ich weiß. Danke für die Information." Die Wissenschaftlerin schaute sie auffordernd, ja geradezu aufdringlich an, und wartete darauf, dass Sarah aufstünde und ihre Füße aus dem Wasser nehme.
Nachdem diese jedoch keinerlei Anstalten machte, an ihrer Sitzposition etwas zu verändern, fuhr die Wissenschaftlerin fort: „Ich muss Sie vor allem vor der Bilharziose warnen. Die Erreger befinden sich im warmen Wasser, insbesondere in den Seitenkanälen. Das ist eine sehr gefährliche Wurm-Infektionskrankheit, die zum Tode führen kann. Ich muss Ihnen sagen, man stirbt sehr qualvoll daran. Ich würde das nicht machen, mich so einer Gefahr auszusetzen." Während die Frau dies mit spitzer Zunge sagte, fixierte sie Sarah mit einem starren Blick, der an eine angriffslustige Kobra erinnerte. Man musste achtsam sein, sich von der Angst, die sie den Informationen untergeschoben hatte, nicht anstecken zu lassen. Menschen, die über Angst geführt wurden, waren gefügig und manipulierbar.
Sarah hatte sich im Vorfeld der Reise über diese Krankheit informiert und wusste, dass die Krankheitsverläufe meist harmlos verliefen, vertraute auf ihr stabiles Immunsystem und ließ sich von der subtilen Dramatisierung nicht einschüchtern. Mit einem nüchternen „passt schon" winkte sie die Sätze der Wissenschaftlerin emotional durch.
Doch diese ließ nicht locker und setzte ein drittes Mal an. „Dann stellen Sie sich einmal bildlich vor, was passiert, wenn Sie Symptome

bekommen wie Fieber und Durchfall und was geschieht, wenn Sie andere Hotelgäste anstecken. Stellen Sie sich das vor, jeder bekommt Durchfall. Nicht auszudenken, wenn alle Hotelgäste an Bilharziose erkranken, das Hotel schließen muss und Sie sind schuld daran."
Nun hatte die Wissenschaftlerin durch das Setzen wiederholter visueller Anker und Schuldzuweisung ihr ganzes Register manipulativer psychologischer Kriegsführung aufgefahren und schaute Sarah angriffslustig an. Diese antwortete spontan: „Ja, wenn ich mir das so vorstelle, alle rennen mit Durchfall durch das Hotel … das wäre tatsächlich scheiße." Sie konnte sich ein Schmunzeln nicht verkneifen. Mit den Worten: „Ihnen noch einen schönen Tag und bleiben Sie gesund" ließ Sarah die Wissenschaftlerin hinter sich stehen und richtete den Blick wieder nach vorne auf den Nil. Nach einer Weile hörte sie deren Schritte auf dem Rückweg des schmalen Kieswegs, der hoch zur Hotelanlage führte.

Eine Weile dachte Sarah noch über das Verhalten der Wissenschaftlerin nach. Sie hatte keine Antwort auf die Frage, was der Beweggrund der Frau für dieses konfrontative Verhalten war. Vermutlich waren es eigene ungeklärte Ängste, die die Frau in ihrem Rucksack trug. Es war weder Sarahs Absicht, sich über Ängste der Frau lustig zu machen noch wollte sie besserwisserisch oder gar egoistisch handeln. Doch sie war froh, dass sie subtilen Machtmissbrauch in einer über Angst geführten Gesprächstechnik mittlerweile schnell erkannte und gelernt hatte, sich davor zu schützen. Ja, es war ihr gelungen, sich nicht auf die emotionale Ebene der Verunsicherung herunterziehen zu lassen. Viele Triggerpunkte hatte sie im Laufe ihres Lebens bereits deaktiviert, so dass andere Menschen immer seltener die Macht hatten, Emotionen von Ohnmacht in ihr auszulösen.

Auch wenn es Sarahs innerster Wunsch war, jedes Gespräch konstruktiv zu führen und harmonisch zu beenden, war ihr bewusst, dass dies nicht immer möglich war. Manchmal war es notwendig, ein Gespräch abzubrechen und sich vor endlosen Diskussionen, die in die Irre führten, zu schützen.
Die Wissenschaftlerin hatte als Biologin gesprochen und den Fokus auf die reine Physis menschlichen Daseins gerichtet. Ein gewisses Risiko einer möglichen Infektion bestand, das war für sie nichts Neues, doch sie sah keinerlei Grund, die Situation unnötig zu dramatisieren oder der Angst zu erlauben, über ein angemessenes Maß an Schutzfunktion hinaus Raum in ihr zu nehmen. Das ganze Leben barg Risiken, alleine schon die Fahrt auf einer Autobahn. Sarah war der Ansicht, dass sie ein gutes Gespür hatte für Gefahren und achtsam mit sich und anderen durch das Leben ging. Nachher würde sie ihre Füße unter der Dusche sorgsam abwaschen, doch jetzt wollte sie das erfrischende Nilwasser genießen.

Ging es um das Abwägen eines möglichen Risikos auf der rein physischen Ebene im Vergleich zu Lebensfreude, innerer Freiheit und Wachstum auf der psychischen und vor allem seelischen Ebene, so würde sie persönlich sich immer für letzteres entscheiden. Es war ihr bewusst, dass diese Sicht nicht jeder teilte.

An dieser Stelle eröffnete sich erneut in ihrem Leben die anthropologische Frage – die Frage des Menschen nach sich selbst: Was ist der Mensch?
Was macht den Mensch zum Menschen?
Oder persönlich gefragt: Wer bin ich?
Reduzierte man den Menschen zum reinen Naturwesen, so konnte man sich auch vor ihm fürchten als potenziellen Ansteckungsträ-

ger. Die Naturwissenschaften wie beispielsweise die Medizin und Biologie richteten ihren Blick auf die Physis und versuchten, den Menschen zu erklären.
Die Geisteswissenschaften wie beispielsweise die Psychologie oder Pädagogik sahen im Menschen auch das Sozial- und Kulturwesen und richteten den Blick stärker auf die Psyche des Menschen und versuchten ihn zu verstehen als Wesen, das nach sozialer Geborgenheit strebte.
Reduzierte man den Menschen auf seine biologischen Anlagen, Prägungen durch das Umfeld und erlernte Verhaltensmuster, so blieb man bei deterministischen Gesetzmäßigkeiten hängen. Man kam aus den alten Rollen-Spielen nicht heraus und blieb im Gefängnis der Kausalitäten stecken.

Was also war der Mensch?

Nur ein zufällig zusammengewürfeltes Produkt aus Erbe und Umfeld?
War der Mensch als Träger unterschiedlicher Kostüme auf der Bühne des Lebens nur eine willenlose Marionette, die vorgegebenen Regieanweisungen folgte?

Oder war der Mensch über das Natur-und Sozialwesen hinaus nicht auch ein Geistwesen, das den freien Willen in sich trug, das Leben auf dem äußeren und inneren Weg bewusst zu gestalten?
War es nicht die Entschlusskraft, in die eigene innere Würde zu treten, die den Menschen zum Gestalter seines Lebens machte?
Und selbst dann, wenn kein äußerer Handlungsspielraum mehr blieb und es nichts mehr zu gestalten gab, verfügte der Mensch nicht

dennoch über die innere Freiheit, wie er mit der jeweiligen Situation umgehen konnte?
So war der Mensch im Grunde doch immer frei und konnte sich über die äußeren Begrenzungen aufschwingen, wenn er seine Flügel ausbreitete.
In der Freiheit lag auch die ‚Ver-Antwort-ung' und darin die Antwort, die der Mensch je persönlich auf die Frage nach dem Menschsein gab.
Das Leben selbst war die Antwort.

Sarah schaute auf ihre nackten Füße im Nilwasser. Sie mochte ihren Körper und
verglich ihn gerne mit einem wunderbaren Musikinstrument, das jedoch erst dann, wenn man darauf spielte, den eigentlichen Sinn erfüllte.
Intuitiv hatte sie begonnen, das Adagio aus Mozarts bekanntem Klarinettenkonzert zu summen. Die Klarinette, die damals bei der Uraufführung in Prag eingesetzt worden war, hatte die Zeit vermutlich nicht überdauert, doch das spielte auch keine Rolle. Mozarts Musik lebte weiter, unabhängig von der jeweiligen Lebensdauer der Instrumente, auf denen sie gespielt wurde.

Vielleicht bestand die Herausforderung des Lebens darin, die Melodie der Unendlichkeit auf einem endlichen Instrument zu spielen.

Als dieser Gedanke mitten aus dem Herzen aufblitzte, flog ein großer Reiher durch das Bild, das vor ihr lag.
Er hatte auf der anderen Seite des Nilufers gesessen und nun breitete er seine weiten Schwingen aus und flog erhaben und majestätisch über den Fluss.

Wie ein Symbol der Freiheit am Himmel.

Ganz mühelos, weil es in seiner Natur lag, überwand er das scheinbar Trennende. Auf einem größeren Felsbrocken, der aus dem Wasser ragte, wenige Meter vor Sarah, ließ er sich nieder. Die Sonne glitzerte auf seinem Gefieder. Wie gebannt schaute sie zu diesem Vogel, der direkt in ihrem Blickfeld erschienen war.
Sein ganzes Sein erstrahlte in Leichtigkeit und Würde.
Plötzlich war es ihr, als flögen auf glitzernden Sonnenstrahlen Worte über den Nil …

Auf meinen Schwingen fliegt die Zahl drei.
Erhebe dich über dich selbst und du bist frei.

Da war sie, die Antwort. Die Antwort auf eine Frage, die sie nicht gestellt hatte. Und doch war die Frage da gewesen. Sie erinnerte sich an die Worte, die sie in der Nacht auf dem großen Welt-Theater vernommen hatte:

Überwinde die Begrenztheit vorgegebener Zahlen und lass dich vom Flügelschlag der magischen Zahl berühren.

Es war die Zahl ‚drei' …
Die Antwort war also in ihr.
Ein Fühlen, in dem alles Wissen lag.
Ein wissendes Fühlen.

Da lag er gedanklich wieder vor ihr, der Würfel. Ohne ihn zu sehen, sah sie ihn und er breitete seine begrenzten Zahlen vor ihr aus: 1, 2, 3, 4, 5 und 6. Vereinte man die Begrenztheit der

Zahlen durch Addition, so gelangte man zur Zahl einundzwanzig: $1+2+3+4+5+6=21$. Addierte man erneut die Ziffern der Zahl einundzwanzig, so ergab sich die Erweiterung: $2+1=3$.
Sie fühlte die Magie hinter der Zahl drei.

Ein inneres Lächeln weitete sich in ihr.
In ihrem Herzen tönte noch der Gesang des Kindes. In dem kleinen, einfachen Lied lag die ganze großartige Größe.
Im Grunde war alles so einfach und leicht.

Es war dann leicht, wenn Anfang und Ende zueinander flogen. Wenn Ursprung und Ziel sich als eins offenbarten.
Es war einfach, weil die Wahrheit in der ursprünglichen Natur des Menschen lag, die über das Spiel des Menschseins hinauswies.
Es war das Aufblitzen der Großartigkeit der Schöpfung jenseits aller Begrenztheit.

Wenn auch nicht greifbar für den Verstand, so hatte sich jenseits des mentalen Begreifens doch etwas offenbart, das in die Weite führte.
Als der Reiher weiterflog, stand auch Sarah auf.

Ein flüsterndes ‚Danke' schwebte über den Nil.

Sarah war froh, dass sie dem inneren Suchen gefolgt war zu diesem Ort, an dem sich Himmel und Erde berührten.

4. Kapitel:
Wenn der Falke die Flügel ausbreitet

Nachdem sich Sarah einen Sonnenhut und einen weißen Schal mit gestickten Ornamenten in dem kleinen Hotel-Shop gekauft hatte, ging sie zur Rezeption, um sich zu erkundigen, wie sie den nahe gelegenen Tempel Philae am besten besichtigen konnte. Während sie ihr Anliegen vortrug, schaltete sich ein Einheimischer ein, der gute zwei Meter neben ihr mit einem anderen Mann von der Rezeption plauderte. Er sprach sie auf deutsch an und bot an, die Fahrt zur Insel zu organisieren und sie durch die Tempelanlage zu führen.

Sarah wandte sich dem Mann zu und traute ihren Augen kaum. Es war Mohamed, der sie bereits bei der letzten Reise, gemeinsam mit der Schwester, durch die Tempelanlagen von Karnak, Luxor und Dendara geführt hatte. Einige Jahre waren in der Zwischenzeit vergangen und jetzt begegneten sie sich hier bei Assuan. Sarah glaubte nicht an Zufälle und freute sich, dass ihre Wege sich erneut trafen und nahm das Angebot dankend an. Auch Mohamed erkannte sie nun wieder. Nachdem er das formale weitere Vorgehen mit dem Mann an der Rezeption in arabischem Dialekt geklärt hatte, winkte er Sarah beiseite und sie nahmen im hinteren Bereich der großen Hotellobby Platz, wo sie durch eine große Glasscheibe auf den Nil hinuntersehen konnten.

Seine Anstellung als Reiseführer hatte er verloren, nachdem die Touristen ferngeblieben waren. Nun musste er sich und seine Familie mit Gelegenheitsjobs wie Taxifahren über Wasser halten.

Sarah erinnerte sich, wie er damals von seinem langen, mühsamen Ausbildungsweg erzählt hatte, dass er viele Jahre in Deutschland

gelebt und studiert hatte und wie froh er gewesen war, dann als Reiseführer zu arbeiten, um Menschen die Kultur seines Heimatlandes, die ihm so am Herzen lag, näher zu bringen. Mitfühlend schaute sie ihm in die Augen, die davon erzählten, dass er ein Mensch war, der gelernt hatte, immer wieder aufzustehen, um weiter zu gehen. Trotz der äußeren Not und seiner Sorge, vor allem um die Zukunft seiner Kinder, lag eine Aufrichtigkeit und innere Würde in seinem Ausdruck.
Es seien nicht mehr viele Touristen-Schiffe in Betrieb, welche die Insel Philae ansteuerten, doch generell sei die Tempelanlage geöffnet und er könne sie gerne begleiten. Sarah freute sich, dass Mohamed plötzlich aufgetaucht war und sich der Weg zum Tempel Philae, ihrem eigentlichen Ziel der Reise, wie von selbst ebnete.
Das Organisatorische war geklärt, sie würden sich übermorgen treffen. Beide verspürten keine Eile, sich zu verabschieden und als er nach der Schwester fragte, zeigte ihm Sarah auf dem Smartphone ein paar Fotos von Mara. Da war es ihr, als würden sie zu dritt um den kleinen Tisch sitzen, der in der Mitte der Sitzgruppe stand.

Intuitiv entschied Sarah, Mohamed von dem beklemmenden Gefühl zu erzählen, das sie empfunden hatte, als sie in der Nacht im Hotel angekommen war. Sie hatte ihn vor Jahren bereits kennen gelernt als Mensch mit feinem Gespür und einem tiefen Wissen, das nicht nur den Verstand bediente. Sarah hatte das Gefühl, als ahne er, wovon sie spreche, als sie ihm das unterschwellige Empfinden von Enge und Eingesperrtsein beim Betreten der Insel anvertraut hatte.

Er nickte ihr zu und mit Blick auf den Nil gab auch er etwas von sich preis: „Mein Großvater hat in mir, als ich noch ein Kind war, zwei Flammen entzündet.

Die eine Flamme stand für die Sehnsucht nach dem Wissen, das mich zur Wissenschaft führte. Ich habe sowohl gelernt, Fragen zu stellen als auch Wissen kritisch in Frage zu stellen und den Verstand zu schärfen, um zu wahrem Wissen zu gelangen. Es war ein mühsamer Weg, der viel Ehrgeiz, Fleiß und Disziplin erforderte. Wissen brauchst du, um in dieser Welt bestehen zu können.
Die andere Flamme stand für die Bereitschaft, an dem erarbeiteten Wissen niemals hängen zu bleiben, es vielmehr vertrauensvoll wieder frei zu lassen. Mein Großvater hat mich dabei gelehrt, das Wissen des Verstandes dem Herzen zur Prüfung zuzuspielen. Das Herz, so erzählte er immer wieder, griffe nur nach dem wahren und liebenden Wissen.
So siebe sich das trügerische Schein-Wissen heraus, dem es um Rechthaben, Macht und Ansehen gehe, und übrig bliebe die Essenz – die Weisheit des Herzens, in der von Anbeginn auch alles Wissen liege.
Schnell erkannte ich die Grenzen der Wissenschaft und kam zu dem Schluss:

Wir brauchen eine Wissenschaft mit Herzen im Kopf.

Mein Großvater ist schon lange tot, doch die Flammen in mir leben weiter und seine Flammen und meine Flammen sind eins.
Ich denke oft an ihn und ein Teil von ihm lebt in mir weiter."

Mohamed richtete seinen Blick wieder auf Sarah, die seinen Worten gelauscht hatte und ihm nun zunickte. „Ich verstehe, was du meinst. Das Herz weiß mehr als der Verstand. Auch mein Bestreben ist es, der Intuition mehr Raum zu geben und hinter die Dinge zu sehen."

Sarah war dem inneren Ruf gefolgt und hatte alle äußeren Hürden überwunden, um diese Reise möglich zu machen und wie von selbst bahnte sich nun das Herz den Weg zu einem Wissen, das sie bereits in sich trug, doch mit dem Verstand nicht greifen konnte.

Der Blick von Mohameds dunkelbraunen Augen schien durch sie hindurch zu dringen, als er sagte: „In meinem Herzen, in dem die Herzen meiner Vorfahren schlagen, fühle ich das Leid deines Herzens, das sich auf den Flügeln der Freiheit über die erfahrene Enge erheben will.
Diese Insel, auf der wir uns gerade befinden, trägt noch die Spuren der Erinnerung einer Zeit von trennenden Mauern und Kriegen."

Interessiert horchte Sarah auf und bat Mohamed, ihr mehr Einblick in die Geschichte der Insel zu geben. Bereitwillig schöpfte Mohamed aus seinem Wissensrepertoire und erzählte, dass die zu Assuan gehörende Flussinsel Elephantine im Altertum auf der Grenze zwischen dem damaligen Ägypten und Nubien gelegen hatte. Durch den Flusshandel und den hier stationierten Zoll war diese Insel ein strategisch wichtiger Verteidigungsplatz und Militärstützpunkt gewesen. Elephantine war damals ein oftmals umkämpfter Ort. Auch hatten sich hier viele Grenzsoldaten aufgehalten und es waren für sie Siedlungen errichtet worden.
Im Jahr 380 war das Christentum vom oströmischen Kaiser Theodosius I. zur Staatsreligion erklärt worden. Dies hatte auch Auswirkungen auf die damaligen Bewohner des Tempels von Philae, da die Ausübung ihrer heidnischen Kulte, wie in Tempeln praktiziert, unter Strafe gestellt worden war. Unter großen Anstrengungen und Entbehrungen hatten die Priesterinnen und Priester es zunächst

dennoch geschafft, dass ihr Tempel im bis dahin christlichen Imperium Romanum geduldet worden war.
Doch trotz allen Mühens und Verteidigens konnten sie ihren Tempel, der der Göttin Isis geweiht war, nicht länger retten. Die Schließung des Tempels erfolgte gewaltsam. Dies war von der Insel Elephantine aus geschehen. Die letzten Priesterinnen und Priester der Tempelanlage von Philae, die noch überlebt hatten, waren schließlich gefangen genommen worden.
Der Untergang des einstigen Tempels Philae war also von jener Insel ausgegangen, auf der sich Sarah soeben mit Mohamed befand. Sie spürte, wie sie beim Zuhören Herzklopfen bekam.
Dem Verstand nicht zugänglich, spürte sie erneut das beklemmende Gefühl, das sie in der Nacht, als sie auf die Insel gekommen war, empfunden hatte.

Sarah atmete tief durch und stellte die Frage in den Raum: „Bietet nicht jede Religion neben dem Aufruf zum Frieden auch ein Gewaltpotenzial in sich? Ich glaube, wir müssen nicht einmal in die Geschichte zurückgehen und spektakuläre Machtdemonstrationen wie die Zerstörung von Gotteshäusern, Kreuzzüge, Inquisition oder Hexenverbrennung heranziehen, um zu erkennen, wie viel Gewalt und Leid auch im Namen von Religionen ausgeübt wurde. Wann treten wir Menschen endlich heraus aus dem Irrsinn des Kampfes aufgrund unterschiedlicher Glaubensrichtungen oder Weltanschauungen?“
Mohamed nickte mit dem Kopf und schaute durch die Glasscheibe wieder in die Ferne auf den Nil. In seinen Augen ein verträumter Ausdruck: „Was wäre, wenn wir den Blick nicht auf das Trennende, vielmehr auf das gemeinsam Verbindende richten würden?

Das Leben wäre so viel einfacher, freudvoller und bunter, wenn unterschiedliche Strömungen nebeneinander fließen dürften im Wissen, dass letztlich alles Wasser aus der gleichen Quelle entspringt und alles miteinander verbunden ist.
Alles fließt miteinander und wieder ineinander zur Einheit zurück."

In den Worten von Mohamed lag der stille Frieden des Einverständnisses mit dem Weg, auf dem er sich befand. Allem äußeren Leid zum Trotz strahlte er eine innere Ruhe aus.
Sarah stimmte ihm zu: „Ich glaube, das, was du gerade gesagt hast, nicht nur kognitiv zu erfassen und zu bejahen, sondern darüber hinaus auch wieder in mir zu fühlen und zu stabilisieren, ist der tiefere Sinn dieser Reise.
Ich habe Missbrauch erfahren und weiß, wie es sich anfühlt, verraten zu werden. Ich dachte, diese alten Themen lägen weit zurück, doch dann schlichen sie sich wieder an, ganz heimlich, und ich fühlte mich erneut verraten."
Mohamed nickte Sarah mitfühlend zu und sagte mit leiser Stimme, in der die eigene Erfahrung mitschwang: „Ich weiß, was du meinst. Missbrauch hat viele Gesichter und Facetten und nicht immer liegt er so offensichtlich auf der Hand.
Sobald ein exklusiver Wahrheitsanspruch Gewalt legitimiert, befinden wir uns in einem Kampf, auch wenn dieser vielleicht sehr subtil geschieht.
Wenn ich von Gewalt spreche, dann meine ich nicht nur die physische Ebene. Gewalt auf der psychischen und vor allem seelischen Ebene kann noch viel grausamer sein, weil sie vordergründig nicht so gut sichtbar ist und oft erst spät bemerkt wird."
Sarah stimmte ihm zu und ergänzte mit den kritischen Worten: „Das Subtile liegt vor allem darin, dass Werte, die allgemeine

Zustimmung erfahren, benutzt und instrumentalisiert werden. Wenn es gelingt, unter dem Deckmantel allgemein verbindender Werte wie Sicherheit und Solidarität das weitgehende Einverständnis der breiten Masse von Menschen zu gewinnen, ist auch Tür und Tor für Missbrauch und Manipulation geöffnet.
Die Angst vor Ausschluss aus der Gemeinschaft nutzend und darum wissend, welche Knöpfe zu drücken sind, um die psychologischen Muster von ‚schlechtem Gewissen', Schuld und Gefügigkeit auszulösen, ist es ein leichtes Spiel, Menschen in eine gewünschte Richtung zu bewegen.
Auch wenn Vergleiche heikel sind, so sind es rückblickend auf die Geschichte doch immer wieder die gleichen übergeordneten Mechanismen, die ablaufen, um Menschen in eine bestimmte Richtung zu leiten. Die Folgen, was es mit Menschen macht, wenn sie sich hineinführen lassen in die alten Spiele der Angst, weisen ebenfalls auf einen gemeinsamen Nenner.

Auf den niederen Tisch schauend, der einem Würfel glich, ließ Sarah ihre Gedanken schweifen in eine ferne Zeit und fühlte die ewige Sehnsucht nach dem Runden, Heilen und einer grenzenlosen Weite, die in ihr brannte.
Auch wenn ihr Herz in einer ewigen Spirale tanzen wollte, so hatte sie sich immer wieder auf den eckigen Würfel menschlichen Lebens eingelassen.
Wie ein Trost bot das Beengende einen gewissen Halt oder vermittelte zumindest ein Gefühl von Pseudo-Sicherheit in einem vorgegebenen Rahmen.

Doch dann war sie hereingebrochen, die Welle, die das alte, vertraute Leben fortgerissen und aus der Tiefe den faulen Schlamm nach

oben gespült und ans Tageslicht befördert hatte. Die Orientierung im außen hatte einem Labyrinth geglichen.
Wo lag die Wahrheit hinter der äußeren Maskerade?
Was war der Beweggrund, in einem demokratischen Land, kritische Äußerungen von Fachkräften unterschiedlicher Disziplin totzuschweigen oder an einen medialen Pranger zu stellen und öffentlich zu diskreditieren?
Wurde das Eckige als runde Sache verkauft? Ein inneres Frühwarnsystem subtiler Manipulation hatte Alarm geschlagen und den kritischen Blick geschärft. Die Spiele der Angst hatten ihren Auftritt auf der Welten-Bühne. Diese zu erkennen, machte das Leben nicht unbedingt einfacher.
Was sie sah, war ein verkleideter Kreis. Hinter dem Kreis ein Quadrat mit Ecken und Kanten. Vieles war nicht schlüssig und schon gar nicht rund.

Wie aus weiter Ferne, den Blick noch immer auf den eckigen Tisch gerichtet, murmelte Sarah vor sich hin: „Als die Zeituhr der Welt über sich selbst stolperte, um Geschichte zu schreiben, löste dies in mir wie einen Schock aus, der alte Wunden aufriss. Es gab plötzlich so viele ethische Themen und Fragen, die es wert waren, aus unterschiedlichen Blickwinkeln beleuchtet zu werden, doch ich vermisste in den Medien den wissenschaftlichen, kritischen Diskurs und das gemeinsame Ringen um Lösungen und Perspektiven zum Wohle aller. Wo waren die Töne, die Mut und Hoffnung machten? Wo waren die einstigen Vorbilder, die von Zivilcourage gesprochen hatten?
Es liegt mir fern, Vorwürfe zu machen oder besserwisserisch aufzutreten. Auch ich lernte wenig schmeichelnde Facetten an mir kennen und beobachtete, wie ich manchmal begann, am eckigen,

scharfkantigen Würfel festzuklammern, um die berufliche Existenz nicht zu gefährden. Es gab Momente, da befand ich mich selbst in einem Labyrinth innerer Widersprüchlichkeiten und hatte mich in Unsicherheiten verfangen. Dann fragte ich mich, was passiere, wenn wir Menschen beginnen würden, Komfortzonen in den eigenen Sackgassen einzurichten?
Auch ahnte ich die Verführung, der man erliegen konnte, in Räume von Illusionen abzudriften, in denen alles scheinbar in Ordnung war. Der miefende Moder konnte hinter Blümchentapeten zugekleistert oder unter der wohlgeordneten Daunendecke der Schein-Harmonie verdeckt werden und alles sah wieder bunt und heiter aus.
Neigen wir Menschen nicht manchmal dazu, uns sehenden Auges hinters Licht führen zu lassen, weil wir nicht wirklich bereit sind, Sicherheiten loszulassen, um etwas zu verändern?
Sich mit den eigenen unterirdischen Anteilen konstruktiv auseinander zu setzen, erfordert viel Mut, Ehrlichkeit und eine große Selbstumarmung voll liebendem Mitgefühl."

Sarah hörte Mohameds wohlwollendes Schweigen, das von Geduld sprach, und fuhr fort: „Was mich am meisten Kraft kostete, waren die Emotionen von Hilflosigkeit, Wut und Ärger, in die ich mich immer wieder habe hineinziehen lassen, wenn ich Situationen sah, die mich einfach sprachlos machten.
Auch habe ich mich gelegentlich verleiten lassen, in einen sinnlosen Kampf zu treten, wenn ich wahrnahm, wie Menschen begannen, sich an Isolation, Stigmatisierung und soziale Ausgrenzung zu gewöhnen und wollte diejenigen, die mir nahestanden, am liebsten wachrütteln und rufen: ‚Siehst du denn nicht, begreifst du denn nicht, was hier geschieht?' Ich fragte mich, ob Menschen sich bereits so sehr an die Schattierungen der Spiele der Angst gewöhnt hatten, dass diese gar

nicht mehr erkannt wurden und hatte Sorge, dass der Ausnahmezustand in eine neu gekleidete Norm kippen würde. Immer wieder rannte ich gegen Wände und blieb fassungslos zurück."

„Diese Wände kenne ich gut" warf Mohamed mit ernstem Blick ein und umschloss die rechte Hand, die er zur Faust geballt hatte, mit seiner linken Hand, als wolle er einen inneren Druck mit Sanftmut umhüllen. „Ich habe einen Sohn in der Pubertät und er ist ein schlaues Kerlchen, der viel Potenzial mitbringt. Doch er will einfach nicht lernen und macht nur das Nötigste. Ich setze im täglichen Mühen alles daran, das wenige Geld zusammen zu kratzen, um meinen Kindern das Schulgeld weiterhin zahlen zu können und er macht nichts aus seinen Fähigkeiten.
Irgendwann erkannte ich, dass eine unsichtbare Wand zwischen uns immer größer wurde, je mehr ich auf ihn einredete und nahm mich Schritt für Schritt wieder zurück. Ich habe mein ganzes Leben aus der Überzeugung heraus gelebt, das vorhandene Geld und meine Kraft in die Aus- und Weiterbildung zu stecken und dabei auf vieles verzichtet. Mein Großvater hatte ein Stück Land verkauft, um mir den Start für mein Studium in Deutschland zu ermöglichen.
Du verstehst, was ich meine, wenn ich sage, sein Feuer brennt in meinem Feuer weiter und ich wünsche mir so sehr, dass meine Kinder den Blick öffnen für Werte, von denen ich selbst überzeugt bin. Doch ich kann es einfach nicht erzwingen. Als ich immer mehr in einen Strudel der Verbissenheit geriet und anfing, meinen Sohn anzuschreien, weinte mein Herz. Das Feuer in mir schlug gegen mich.
Muss man im Leben manchmal einen Teil der inneren Überzeugung zurücklassen, um weiter zu gehen? Ich durfte meinen Sohn nicht

verlieren, auch wenn ich täglich mitansehen musste, dass sich an seiner Einstellung nichts änderte."

Nachdenklich nickte Sarah Mohamed zu. „Ja, das ist immer eine hochanspruchsvolle Situation, wenn Werte, die dir gleichermaßen wichtig sind, aufeinanderprallen und du eine Entscheidung treffen musst, denn bei einer solchen Entscheidung scheidet ein Teil, der dich ausmacht.
Vor ein paar Wochen geriet ich auch in eine innere Konfliktsituation in meiner Rolle als Lehrerin. Ich stand in der Zerreißprobe zwischen der Sorge, meinen Lehrauftrag aufs Spiel zu setzen als Folge möglicher Denunziation oder dem Verrat an Werten, die mir heilig sind. Dann musste ich eine Entscheidung treffen. Konnte ich mich Gefahren auf dem äußeren Weg aussetzen, um den Werten des inneren Weges zu folgen? Oder sollte ich im kollektiven Strom mitschwimmen und dabei die eigene Seele verraten?

So war ich mal wieder in meinem Leben an einem Punkt angelangt, an dem ich entweder im äußeren Chaos zusammenbrechen oder aus der inneren Kraft heraus aufstehen musste, um weiter zu gehen.

Solche Punkte gab es immer wieder in meinem Leben. Es fühlt sich an, als stünde man am Rande des Abgrunds und du schaust hinein in ein dunkles Loch. Du glaubst, alles ist verloren. Du hast das Gefühl, du selbst bist verloren gegangen.
Verraten und Vergessen.
Das ist der Moment, wenn sich die Einsamkeit zur Verzweiflung zuspitzt.
Doch dann folgt der entscheidende Schritt.

Du wagst es, in dieses dunkle Loch zu schauen und erkennst im Urgrund das Feuer, denn du stehst an einem Krater eines Vulkans. Dann gilt es, allen Mut zu bündeln und den einen Schritt nach vorne ins Vertrauen zu wagen. Du trittst hinein, mitten in das Nichts – in den Kanal, durch den das Magma nach oben schießt.

Das, was du bisher glaubtest, was dich ausgemacht hat, stirbt. Gleichzeitig bist du neu geboren, denn du steigst aus dir selbst heraus auf, wie Phönix aus der Asche."

Sarah atmete tief aus und lehnte sich in ihrem Sessel entspannt zurück, als habe sie mit den Worten, die sie ausgesprochen hatte, alten Ballast von sich geworfen. Mohamed hatte ihr aufmerksam zugehört und nickte ihr zu. Nachdem beide eine Weile geschwiegen hatten, sagte er: „So ist es. Das ist Horus, der seine Flügel ausbreitet, um aufzusteigen.

In der ägyptischen Mythologie sprechen wir von ‚Horus'. Er springt ins scheinbare Nichts, doch er fällt nicht herunter, sondern steigt auf in eine lichtvolle, höhere Ebene. Auf diesem Horusweg lässt du alles zurück, was dir im außen wichtig erschien, weil du es immer mehr als Illusion erkennst und du gelangst in eine innere Kraft, die dich auf deinen eigenen Schwingen über dich selbst erhebt.
In dieser Horusenergie schwingst du dich auf in die Würde deiner eigenen Vollkommenheit."

„Genau das meine ich", nickte Sarah Mohamed zu. „Im Grunde ist es gleichgültig, in welchen Worten oder Bildern wir sprechen und welcher Mythologie wir uns bedienen. Wir können es die Christus-

energie nennen oder die Horusenergie. Beides meint das gleiche – die Auferstehungsenergie in uns Menschen.
Wir wissen es und sprechen darüber und doch wissen wir auch, dass es sich allen Worten und allen Bildern entzieht."

Lebhaft pflichtete Mohamed Sarah bei und meinte: „Schau, jetzt sind wir wieder bei dem gleichen Punkt angelangt, an dem wir eingangs unseres Gespräches schon einmal waren. Religion kann trennen oder verbinden, Gräben schlagen oder Brücken bauen und es liegt an uns, für welchen Weg wir uns entscheiden.
Aus der Quelle heraus führt Religion im ursprünglichen Sinne nach vorne zurück zu dem Punkt, an dem Anfang und Ende eins sind und nie getrennt waren, da es nie Anfang und Ende gab.

Jeder Weg der Erkenntnis führt von außen nach innen, um dich wieder neu zu erschaffen von innen nach außen.

Dieser Weg der Transformation auf den Schwingen des Horus ist die Rückkehr aller Dinge zur Einheit, zu Gott. Das ist der Sonnenweg.

Horus fliegt zur Sonne zurück."

Was Mohamed gesagt hatte, berührte Sarahs Herz und sie spürte den eigenen Gedanken nach …
…In jeder Krise lagen innere Tore verborgen, durch die es galt, durchzugehen, um innerlich zu wachsen. Gerade dann, wenn äußere Sicherheit zusammenbrach, ebnete sich der Weg zu einem tiefen Vertrauen.

Die Entschlusskraft, alles vermeintlich Wichtige zurück zu lassen, aufzustehen und weiter zu gehen, führte immer mehr in die innere Freiheit.

Die Zeit der Mauser war das Anstrengende. Das alte Federkleid gab es nicht mehr und das Neue war noch nicht nachgewachsen und man sah ziemlich zerrupft aus. Doch irgendwann wuchsen neue Federn nach.
Und eines lichten Momentes würde der Zeitpunkt kommen, da galt es, die Flügel auszubreiten und sich über alles alte Leid zu erheben.

Ein Strahlen leuchtete auf Sarahs Gesicht, als sie voll Feuer und Flamme sagte: „Mohamed, mir kommt gerade ein schönes Bild. Ich sehe einen Falken mit weißen Flügeln, der auf einem Berg steht, dort, wo er zu Hause ist. Er hat seine Flügel ausgebreitet und steht ganz ruhig da und ist in sich zentriert. Er fliegt nicht, doch er hat die Flügel ausgebreitet und tariert diese aus.
Er wartet, bis der richtige Wind kommt, um aufzusteigen. Ich sehe den Falken als Symbol und finde mich selbst darin wieder. Wenn ich in der Schule bin und als Lehrerin zu den mir anvertrauten Kindern und Jugendlichen spreche, geht es mir nicht nur um das fachliche Wissen, vielmehr möchte ich sie erinnern an ihre eigene innere Freiheit und an ihr Potenzial, das in ihrer Würde verborgen liegt.
Im Grunde zeige ich meinen Schülerinnen und Schülern, im Kollegenkreis oder auch im Privaten, wie es ist, die Flügel auszubreiten. Gerade eben habe ich begriffen, dass meine Aufgabe nicht mehr und nicht weniger ist, als die Flügel auszubreiten und mich zu zeigen. Dies ist wie ein Angebot.

Die Entscheidung, wann der andere losfliegen, liegt jedoch nicht mehr bei mir. Wenn ich ungeduldig werde und den anderen dränge, doch endlich zu fliegen, dann mache ich mir selbst Stress und falle aus meiner eigenen inneren Balance. Auch kann es passieren, durch die eigene Euphorie des Fliegens beim anderen einen ungewollten Druck oder eine Überforderung auszulösen." Mit einem mitfühlenden Schmunzeln ergänzte Mohamed: „Vielleicht denkt dann der andere: ‚Oh Hilfe, ich muss jetzt fliegen und alles Sichere loslassen. Ich warte lieber noch ein bisschen' und zieht sich zurück.
Haben wir eine Erwartungshaltung an andere oder heben selbst zu schnell ab, dann laufen wir Gefahr, einander zu verlieren."

Nachdenklich nickte Sarah Mohamed zu. „Ja genau, du weißt, wovon ich spreche. Also bei aller Entschlusskraft, die uns sicher auch ausmacht und dem inneren Feuer, das wir kennen, ist die Achtsamkeit so wichtig, dass wir anderen Menschen die Zeit und die Chance, die Möglichkeit und den stimmigen Moment überlassen, wann er entscheidet, tatsächlich zu fliegen. Das ist ein sensibler und verantwortungsvoller Balanceakt, denn in unserer Rolle als Lehrerin oder Erzieher wollen wir es ja gut machen. Wir zeigen einfach nur, wie wir auf dem Felsen stehen und die Flügel ausbreiten. Ohne den anderen bevormunden zu wollen.
Der Falke breitet einfach die Flügel aus. Er zeigt sich, weil er Horus geworden ist.

Wenn der Vogel die Flügel ausbreitet, dann macht er sich angreifbar, denn er zeigt mit seinen ausgebreiteten Flügeln die ganze Vorderseite seines Körpers, an der er auch verletzlich ist.
Dies wird jedoch wieder aufgehoben durch die Kraft und Stärke seiner Flügel, die der Vogel zeigt.

Das ist der Mut, sich zu zeigen und zu sich zu stehen.

Unsere Aufgabe ist es, symbolisch gesehen, einfach mit ausgebreiteten Flügeln dazustehen. Mit einer Zuversicht, die ohne Worte vermittelt: ‚Werdet weit und licht und hell. Vertraut eurer eigenen Kraft.'
Indem wir einfach so stehen, zentriert und verankert auf dem Felsen, strahlen wir Sicherheit aus."
Während Sarah diese Worte Mohamed anvertraute, weil sie den Gleichklang spürte, dachte sie, dass es im Nachhinein in manchen Situationen besser gewesen wäre zu schweigen anstatt zu reden. Kommunizierte man auf einer bestimmten Frequenz, wurden Worte riskant, denn die Energie, die man durch sie transportierte, konnte in der Luft zerrissen werden. Die nicht gesprochenen Worte in heilsames Schweigen zu hüllen, war ein guter Schutz vor trennenden Energien.

„Das ist ein schönes Bild, Sarah, das gefällt mir gut. Und ohne Worte sagen wir energetisch: ‚Schau mal, mir passiert gar nichts. Du kannst es auch. Denn die Kraft dazu ist in dir.' So machen wir mit unserem Angebot Mut, ohne jemanden verändern zu wollen.

Abheben und Fliegen ist dann nochmals eine andere Sache. Das entscheidet jeder für sich. Es ist also in Ordnung, wenn ein Mensch noch nicht bereit ist zum Fliegen. Und gleichzeitig ist es wichtig, den eigenen Prozess im Blick zu behalten, und sich selbst zu erlauben, auch weiter zu fliegen."

„Ja, genau so", stimmte Sarah Mohamed zu. „Vielleicht erwecken wir beim einen oder anderen die Sehnsucht nach dem Ablegen alter, schwerer Kostüme, um die Flügel der Leichtigkeit auszubreiten und zu fliegen. Letztlich trägt jeder die Verantwortung für sich selbst und die Entscheidung, weiter zu gehen."

Beide schauten sich schweigend an. Es war ein wohltuendes Schweigen, das keiner weiteren Worte bedurfte.

Als Sarahs Smartphone, das neben ihr auf dem breiten Sessel lag, aufblinkte, sah sie eine eingehende Whatsapp von Mara. Es war ein rotes Herz. Ohne Worte. Sarah war tief berührt, denn sie hatte die ganze Zeit das Gefühl gehabt, als säße die Schwester direkt neben ihr.
Was hatte ihr Mara mit auf die Reise gegeben? Sie möge sich alle inneren Themen, die sichtbar würden, betrachten, um sie dann liebevoll zu verabschieden. So vieles war bereits ans Tageslicht gekommen und ihr bewusst geworden.

Auch wenn sich an der äußeren Situation nichts geändert hatte, ahnte sie dennoch, dass sich bereits ein neuer innerer Weg in ihr geöffnet hatte und noch weiter öffnen würde, auf dem es ihr gelingen würde, die eigenen Flügel immer mehr zu weiten, um dem inneren Licht entgegen zu fliegen.

5. Kapitel:
Das Theater ist vorbei

Die Sonne war bereits untergegangen und Mohamed hatte sich verabschiedet. Sarah entschloss sich, bis zum Abendessen noch ein paar Schritte zum Nil zu gehen, um auf das Wasser zu sehen. Die Laternen der Gartenanlage wiesen den Weg hinunter ans Ufer. Das Gespräch mit Mohamed hatte ihr gut getan und geholfen, die Gedanken zu strukturieren und Emotionen zu klären.
Als sie am Nilufer ankam, an jenem Platz, den sie bereits kannte, zog sie ihre Schuhe aus und spürte den steinigen Untergrund, der von der Sonne noch immer leicht erwärmt war. Sie überlegte kurz, ob sie erneut die Füße ins Wasser tauchen wollte, entschloss sich dann jedoch, auf dem trockenen Boden stehen zu bleiben, da in der Dämmerung schlecht zu erkennen war, welche Steine rutschig waren.
Es tat gut, auf das fließende Wasser zu sehen und den milden Abendwind zu spüren, der über ihr offenes Haar streichelte. Sie schaute in die Ferne, in der die äußeren Konturen im Abendlicht ineinanderflossen und genoss diesen Moment der Stille.

Angepasst an die Langsamkeit des Augenblicks betraten achtsame Schritte das Bild. Als Sarah sich umdrehte, stand er ein paar Meter entfernt einfach da und schaute sie an. Vielleicht stand er schon länger da und sie hatte ihn erst jetzt bemerkt.
Er strahlte eine Ruhe und Präsenz aus, die davon erzählte, dass er gelernt hatte, weder der Vergangenheit hinterherzuhinken noch in die Zukunft zu rennen. Standfest wie eine Palme ruhte er in

sich selbst. Nur die Dschallabija, sein langes, hellgraues Gewand, bewegte sich flatternd an den weiten Ärmeln und am unteren Teil des Rockes, als würden sich Zweige im Spiel des Windes wiegen.
Es war der Gärtner, der ihr den Zweig mit dem blühenden, roten Hibiskus geschenkt hatte. Sie nickten einander freundlich zu.
Ruhig und gleichzeitig bestimmt, machte er eine Handbewegung, die Sarah signalisierte, dass sie zu ihm kommen möge. Auf ihren fragenden Blick, der nicht verstand, ließ er seine rechte Hand über den Boden schlängeln und zischte ein langgezogenes „zzzzssssss“. Jetzt leuchtete Sarah ein, worauf er sie aufmerksam machen wollte und fragte: „Ah, ich verstehe, hier gibt es wohl Schlangen und diese sind gefährlich?“
Auch wenn er ihre Sprache nicht verstand, wusste er intuitiv, dass seine Botschaft angekommen war und nickte mit dem Kopf. Er deutete zur untergegangenen Sonne am Himmel und vermittelte Sarah, dass es wegen der Schlangen nicht ratsam sei, länger hier in der Dunkelheit am Nilufer zu verweilen. Sarah folgte seiner Handbewegung und schritt mit ihm den schmalen Weg am Schilfgewächs entlang hinauf zur beleuchteten Gartenanlage. Im weißgelben Lichtschein einer Laterne sah sie in seine Augen, die von einer wohlwollenden und fürsorglichen Güte sprachen und bedankte sich bei ihm.

Zwei Menschen hatten Sarah an diesem Tag vor einer potenziellen Gefahr an diesem Ort gewarnt. Doch wie unterschiedlich die Klänge, die von ihnen ausgegangen waren. Unter der sachlichen Informationsebene lagen die entscheidenden Untertöne, die die Botschaften in dunkle oder helle Kanäle leiteten.
Sarah hatte im Laufe ihres Lebens nicht nur ihren kritischen Verstand geschärft, genau hinzusehen, was in Situationen tatsächlich ablief. Darüber hinaus verfügte sie über einen guten Zugang

zu ihrer Intuition, die wie ein lichter Kompass wirkte. Die Töne der Wissenschaftlerin waren kalt gewesen. Die geheime Macht der Manipulation geschah auf diesen subtilen, unterirdischen Kommunikations-Gängen, die unsichtbar und nicht leicht zu erkennen waren. Um sich zu schützen, war es hilfreich, um die eigenen Felder der Verführbarkeit und Illusion zu wissen.
Ganz anders als bei der Wissenschaftlerin, fühlte Sarah in der Absicht des Gärtners die Reinheit, die von seinem Herzen ausging. Die Klänge, die in seinen Worten lagen, schwangen in einer liebevollen, lichten Klarheit. Von ihm hatte sie sich gerne führen lassen. Seine Empfehlung tönte in ihrem Herzen stimmig.
Die Sprache, die sie verband, war wie ein gemeinsamer Tanz auf dem Regenbogen.

Nach dem Abendessen ging Sarah gleich auf ihr Zimmer, nahm eine warme Dusche und legte sich ins Bett. Auch wenn es erst früher Abend war, so fühlte sie die Erschöpfung und Müdigkeit ihres Körpers und war bereits nach wenigen Minuten eingeschlafen.
Kurz vor Mitternacht wachte sie auf und war hellwach. Sie hatte von der Wissenschaftlerin geträumt. Die Bilder des Traums waren klar und fühlten sich lebendig an. Sarah hatte Durst und stand auf, um sich ein Glas Mineralwasser einzuschenken. Den hoteleigenen weißen Bademantel hängte sie über ihren nackten Körper und ging mit dem Wasserglas hinaus auf den Balkon. Während sie auf den Nil hinunterschaute, ließ sie die Bilder des Traums noch einmal in ihrem Inneren abspielen.

Sie erkannte im Traum die Wissenschaftlerin, die in einem großen Hörsaal am Rednerpult stand. Sie selbst, Sarah, befand sich ebenfalls in dem Raum, jedoch körperlos, als schwebe sie einige Meter über der Szene und nahm das Geschehen aus einer beobachtenden und emotionslosen Position wahr. Die Wissenschaftlerin befand sich in einer Prüfungssituation und musste aus dem Stehgreif ohne Vorbereitung einen Vortrag zu einem vorgegebenen Thema vor versammeltem Publikum halten. Die Zuhörenden waren gleichzeitig die Prüfer – durchweg Professoren. Jeder von ihnen trug einen dunkelgrauen Hosenanzug mit schwarzer Krawatte. Mit ernsten, strengen Gesichtern starrten die Anwesenden auf die Frau, die sich verkrampft am Rednerpult festhielt. Sie wurde mit kritischen Fragen, die den Zusammenhang regelrecht zerrissen, sowie mit demütigenden Bemerkungen wiederholt unterbrochen und es gelang ihr nicht, in einen Redefluss zu kommen. Mit jeder weiteren Anmerkung der Prüfer geriet sie immer mehr in den Strudel der Unsicherheit. Während ihre Stimme zunehmend zittrig und gepresst klang, gewannen die spöttischen Untertöne der Prüfer an Macht.

Auf der großen, weißen Leinwand, hinter dem Rücken der Wissenschaftlerin und für diese nicht sichtbar, lief parallel zu dem Geschehen im Hörsaal ein tonloser Film ab. Darin sah man, wie die Wissenschaftlerin eine vorgegebene Zielstrecke über eine Wiese zu rennen hatte. Während sie unter großem Zeitdruck auf das Ziel zusteuerte, explodierten durch die Vibration ihrer Schritte Tretmienen. Splitter davon trafen ihren Körper und vor allem das Herz. Völlig erschöpft und blutüberströmt erreichte sie im Film in letzter Sekunde das erhoffte Ziel. Während sie auf das Schlachtfeld zurückblickte und nach den verlorenen Körperteilen schaute, wurde die Wissenschaftlerin unter Orgelgebrüll und Blechdosengeschepper feierlich auf eine

Tribüne gehoben. Dort wurde ihr der erhoffte Orden für ihre Leistung verliehen.
Im gleichen Augenblick, als der Wissenschaftlerin im Film das Ehrenzeichen um den Hals gehängt wurde, war im Hörsaal das Klatschen der Prüfer zu hören. Einer der Professoren aus dem Prüfungsausschuss trat aus den Reihen nach vorne zum Rednerpult und überreichte der überraschten Frau für ihre geleisteten Verdienste die angestrebte Urkunde. Nun sei sie aufgenommen in den erlauchten Kreis. Man erwarte, so wurde ihr mit strengem Blick eingebläut, auch künftig uneingeschränkte Loyalität und Gefügigkeit. Halte sie sich an die vorgegebenen Spielregeln, so stehe ihr eine große Karriere bevor.
In der Abschluss-Szene des Traums war die Frau alleine im Hörsaal zu sehen. Mit bleichem Gesicht und zittrigen Beinen stand sie da und starrte die Urkunde in ihren Händen an. Ihr war bewusst, dass sie ihr tatsächliches Potenzial nicht hatte zeigen können und dass sie weit unter ihrer Leistung geblieben war. Statt Freude empfand sie nur Traurigkeit, denn sie hatte beim Rennen zum vorgegebenen Prüfungsziel ihr Selbstwertgefühl verloren. Auch konnte sie ihr Herz nicht mehr spüren.
Mechanisch zog sie das neue Kostüm an, das ihr mit der Urkunde gereicht worden war: ein dunkelgrauer Hosenanzug mit schwarzer Krawatte.

Sarah atmete tief ein und aus. Auch wenn es nur ein Traum gewesen war und sie die einzelnen Szenen aus einer beobachtenden, neutralen Perspektive wahrgenommen hatte, so fühlte sie ein altes Ur-Leid in diesen Bildern aufsteigen.
Manipulation und Verrat.

Das waren die beiden Schlüsselworte, die ihr nun durch den Kopf gingen.

Es war Zeit, die verlorenen Anteile wieder einzusammeln, um heil zu werden.

Sarah hob den Kopf zum nächtlichen Himmel empor. Nahe des Sternbilds Orion leuchtete hell und klar Sirius. Der Anblick des Sterns hatte eine beruhigende Wirkung auf Sarah.
Da tanzten wie von selbst die Töne des indischen Gayatri Mantras herab zur Erde und fanden spielerisch den Weg durch die Nacht.
Sarah begann, das Mantra zu singen.
Sie sang es für die Wissenschaftlerin und alle Wissenschaftler dieser Welt.
Sie sang es für diese eine Frau und für alle Frauen dieser Welt.
Sie sang es für sich selbst und für alle Menschen dieser Welt.
So stand Sarah in dieser Nacht auf dem Balkon mit Blick auf den Nil, bekleidet mit dem weißen Bademantel und sang in leisen und zarten Tönen immer wieder und wieder das Gayatri Mantra.
Es sang aus ihrem Herzen.

Das leere Wasserglas stellte sie auf den kleinen Tisch neben Clownsmaske, Flugticket und den Würfel. Beim Anblick des Würfels wurde Sarah plötzlich klar, dass es galt, den Würfel mit seinen Ecken und Kanten zu umarmen, um mit ihm endgültig Frieden zu schließen.

Sarah legte sich wieder ins Bett und tauchte in den frühen Morgenstunden, kurz vor Sonnenaufgang, erneut in einen intensiven Traum ein.

Sie sah eine Reihe von großen Würfeln verstreut auf einer Blumenwiese liegen. Die Würfel waren so groß wie sie selbst und sie lagen weit entfernt voneinander. Intuitiv ahnte Sarah in diesem Traum, dass es darum gehe, die einzelnen Würfel auf dieser Spielwiese zusammen zu fügen. Achtsam, Schritt für Schritt, ging sie auf den ersten Würfel zu und betrachtete ihn. Sie schaute ihn an, mit einem liebevollen und gütigen Blick.
Da war es ihr, als tönte eine zarte Musik aus dem Inneren des Würfels und sie fühlte die Worte: „Alles ist in Liebe umhüllt."
Da breitete Sarah ihre Arme aus, als weite sie ihre Flügel und legte diese um den großen Würfel. Sie drückte ihn mit allen Ecken und Kanten liebevoll an ihr Herz. Nun erblickte sie den Würfel in einem neuen Licht.

Augenblicklich verwandelte sich der eckige Würfel in einen leuchtenden Kreis und begann, sich leicht und schwebend über den Boden zu erheben.
Sarah ging zum nächsten Würfel. Die zarten Töne begleiteten sie und Sarah nahm auch diesen Würfel liebevoll in ihre Arme. Auch er nahm die Form eines leuchtenden Kreises an, der über der Erde zu schweben begann. So ging Sarah von Würfel zu Würfel, in aller Ruhe, und betrachtete jeden Einzelnen mit einem Blick zärtlichen Mitgefühls. Jeder Würfel verwandelte sich durch ihre Umarmung in einen leuchtenden, schwebenden Kreis.
Als sich alle Kreise über den Boden erhoben, wurde ein leuchtendes Band sichtbar, das sich um die einzelnen Kreise dehnte, diese miteinander verband und in die Mitte zurückführte. Es war, als fänden die einzelnen Kreise in den einen Kreis der Einheit nach Hause zurück.
Wie eine große Blume leuchteten die ineinander verschmolzenen Kreise in den Farben des Regenbogens und erhoben sich gemeinsam

in die Höhe. Sarah stand barfuß auf der Blumenwiese und schaute zu der lichten Himmelsblume empor, die in der Sonne glitzerte.
Himmel und Erde sangen, in unterschiedlicher Oktave, das gleiche Lied.

Als Sarah aufwachte und die milden Sonnenstrahlen eines neuen Morgens auf ihr Bett fielen, da fühlte sie eine wohltuende, innere Ruhe. Während sie das weiße Bettlaken zurückstreifte und durch den geöffneten Vorhang ins Freie schaute, war ihr plötzlich bewusst, dass hinter der dunkelsten Finsternis immer das Licht leuchtete.

Die Finsternis war nicht mehr finster, sobald es gelang, hinter sie zu sehen.

Im Grunde war der dunkle Raum eines Würfels, der keine Öffnung bot und einem Gefängnis glich, ein wunderbares Lernfeld, die Sehnsucht nach der inneren Freiheit als Motor zu nutzen, um über sich selbst hinaus zu wachsen.
Steigerte sich diese Sehnsucht in die Verzweiflung, verzweifelt man selbst sein zu wollen im Licht der Einheit, so war dies für die Seele wie ein Hinweis zur Herausforderung, aus der Enge in die Weite hinauszuführen.

Gäbe es hinter der Finsternis kein Licht, so hätte die Seele keinen Anlass, sich aus dem geschlossenen Raum des Würfels zu befreien. Im menschlichen Dasein konnte man zwar abgleiten in die Illusion von Trennung und Einsamkeit wie in einen Raum absoluter Dunkelheit und des Vergessens, wer man war.

Doch hinter der Angst vor dem eigenen Licht wartete die Kraft der Ewigkeit.
So ließ die Verzweiflung, verzweifelt nicht man selbst sein zu wollen im Licht der Einheit, keine Ruhe.

Die heilige Unruhe rief nach Hause zurück.
Nach Hause in die alles verbindende Umarmung im Duft des liebenden Mitgefühls.

So führten beide Bewegungen, sowohl die Verzweiflung, verzweifelt man selbst sein zu wollen als auch die Verzweiflung, verzweifelt nicht man selbst sein zu wollen in eine sich gegenseitig umarmende lichtvolle Spirale.

Die Seele drehte sich aus der Dunkelheit heraus ins Licht.

Inmitten der Endlichkeit galt es, das Licht der Unendlichkeit in sich selbst zu gebären.

Es gab ihn also, den Raum der Unendlichkeit, der unabhängig aller eckigen und beengenden Räume, die Menschen je erschaffen hatten, existierte.

Da war er wieder, der lichte Moment der Erkenntnis, um erneut zu erkennen, dass alles Erkennen letztlich ein Erinnern war an das, was immer schon da war.

Eine innere Klarheit umhüllte alle äußere Unklarheit und es war ihr, als seien alle Fragen eingehüllt in die eine große Antwort, die allen Fragen voraus ging.

Sarah erhob sich, trat auf den Balkon und blickte auf den Nil. Es war der zweite Morgen in Ägypten, doch es kam ihr vor, als sei sie bereits viel länger hier.

Von hier oben auf das Fließen des Nils schauend, war es Sarah ganz leicht ums Herz und es schien ihr in diesem Augenblick so einfach, im alltäglichen Spiel auf der Theaterbühne zu agieren und unbeschadet an Mitspielern, die noch in den alten Rollen-Spielen der Angst festhingen, vorbeizuschreiten.
Wenn es ihr in jeder Theaterszene gelänge, an das Licht hinter der Finsternis zu denken, sich an den unsichtbaren, leuchtenden Raum hinter dem Vorhang zu erinnern, so bliebe sie in der bewussten Verbundenheit mit der Seele, die wiederum über sich selbst hinaus wies auf die alles verbindende Einheit.

War es möglich, an manchen Spielen, auch wenn sie noch so absurd erschienen, teilzunehmen, weil sie unausweichlich auf dem Spielplan standen und dennoch der eigenen Seele treu zu bleiben?
Es kam darauf an, sich von den Unsicherheiten und Ängsten anderer Mitspieler nicht herunterziehen, infizieren oder führen zu lassen. Vielmehr war es wichtig, die eigene Energie der heiteren Gelassenheit zu halten und aus der inneren ‚Zuver-Sicht' einer übergeordneten Sinnhaftigkeit des Ganzen zu leben.

Und gleichzeitig bedeutete es, sich nicht auf einem Podest über andere zu stellen und in die Wertung zu gehen, besser oder weiter zu sein und damit der Arroganz zu erliegen. Den eigenen Weg weiter zu gehen, ging Hand in Hand mit dem Respekt vor dem individuellen Lernprogramm eines jeden Menschen und dessen Erfahrungen, wo auch immer dieser sich auf seinem Weg gerade befand.

Jeder ging seinen eigenen Weg in der je eigenen Geschwindigkeit. Und jeder trug die Verantwortung für sich selbst.

Noch einmal dachte sie an das Bild des Falken, der seine Flügel mutig ausbreitete. Indem sie bereit war, sich zu zeigen, sprichwörtlich das Licht nicht unter den Scheffel zu stellen und sich vornahm, zum eigenen Licht zu stehen, konnte sie ihrer eigenen Seele treu bleiben, unabhängig davon, welches Programm gerade auf der Theaterbühne gespielt wurde.

Sie wollte nur noch einem Gesetz folgen – dem Gesetz der alles umarmenden All-Liebe.

Sarah war entschlossen, das, was ihr in diesem Augenblick so sonnenklar einleuchtete, in den Alltag mitzunehmen und zu leben.
Im Grunde lag genau in der hingebungsvollen Annahme des Unannehmbaren der Schlüssel.
In der Hingabe an die Grenze und Begrenzung dieses dreidimensionalen Würfel-Konstrukts menschlichen Daseins lag gleichzeitig die Öffnung, sich darüber hinaus zu dehnen. Sich ins Vertrauen fallen zu lassen, dass sich Geist über Materie erhebe.

Es dauerte keine Stunde, da klopfte das Leben mit einer im Grunde unbedeutenden Alltagssituation an, die Sarah die Chance bot, das Erkannte sogleich umzusetzen.

Auf der Frühstücksterrasse liefen sie sich wieder über den Weg. Mit einem freundlichen „Guten Morgen" lächelte Sarah der Wissenschaftlerin zu. Diese ignorierte jedoch den Gruß, schaute an ihr

vorbei und setzte sich mit dem Rücken zu Sarah an einen weiter entfernt stehenden Tisch.
Ein kurzer Augenblick der Irritation. Es fühlte sich nicht gut an, bewusst übersehen zu werden. Wenn sie ehrlich war, tat es sogar ein bisschen weh, wie Luft behandelt zu werden. Sarah kannte solche Situationen aus ihrem Leben. Von anderen Menschen ignoriert und stehengelassen zu werden, ohne den Grund begreifen zu können, erinnerte an die Einsamkeit auf dem eigenen Weg.
Nun galt es, besonnen zu reagieren. Sie wollte sich schnell wieder aus dem Anflug von Unsicherheit herausziehen und dem Selbstzweifel, der sich, einem alten Muster gehorchend meldete, nicht erlauben, Raum in ihr zu nehmen.
Stünden Menschen sich nicht immer wieder selbst im Weg, wäre es so einfach, den nächtlichen Traum miteinander zu teilen, darüber zu sprechen und vielleicht auch gemeinsam darüber zu weinen oder zu lachen. Sarah dachte an die Kleidung, welche die Professoren und die Wissenschaftlerin nach der bestandenen Prüfung im Traum getragen hatten – dunkelgraue Hosenanzüge mit schwarzer Krawatte. Äußerlich betrachtet glich man einander, doch die Schutzkleider und Rüstungen signalisierten auch die eigene Unnahbarkeit und schufen Distanz zum eigenen Herzen.
Wie gelang es nun ganz konkret und praktisch, sich über diese Situation zu erheben und im inneren Frieden zu bleiben?
Während sich Sarah diese Frage stellte, fühlte sie aus der inneren Weite bereits die Antwort:

Segne die Situation.

Nichts anderes hätte ihr auch die Schwester empfohlen. Sie dachte an ein Gespräch mit Mara zurück, als diese ihr gesagt hatte, den

anderen zu segnen bedeute, ihm ein Feld der Liebe zu schenken, das frei sei von Wertungen und Verurteilungen.
Innere Worte erblühten in ihr …

Indem du segnest, trittst du ganz heraus aus einer menschlichen Vorstellung, wie jemand oder etwas sein sollte. Es geschieht aus einer Haltung von Neutralität, die rein und frei ist von irgendwelchen Absichten.
Segnest du einen Menschen oder eine Situation, so verlässt du die Dichte der Emotionalität und es erhöht sich die Schwingungsfrequenz.
Segnen ist heilig.
Es beflügelt und trägt dich in eine lichte, leichte Ebene, in der du deiner eigenen Unangreifbarkeit ansichtig wirst.

Da war es Sarah plötzlich ein leichtes, symbolisch die Flügel auszubreiten und sich selbst in eine segnende Haltung des Mitgefühls zu dehnen. Mit einer stillen, unsichtbaren Geste schenkte Sarah der Frau gedanklich eine duftende, rosafarbene Rose.
In diesem Augenblick erhob sich die Wissenschaftlerin, drehte sich um und schaute Sarah ins Gesicht. Auch wenn sie einige Meter voneinander entfernt waren, so nahm Sarah hinter der äußeren, sichtbaren Maske ein inneres Lächeln wahr. Der stille Segen hatte seinen Weg gefunden, ganz von selbst.
Auch wenn die beiden Frauen keine weiteren Worte mehr miteinander tauschten, so hatten sich jenseits der Rollen, die sie trugen, ihre Herzen berührt – für einen kurzen Augenblick.
Es war ein Augenblick von Ewigkeit.

Sarah fühlte die Kraft des friedvollen Schweigens in sich, die den eckigen Würfel rund machte.

6. Kapitel:
Der Biss der Schlange

Es war kurz vor elf und es gab nichts zu tun als zu warten. An diesem dritten Morgen erschien es Sarah, als würde sie sich langsam in die ägyptische Entschleunigung einfädeln, die sich wie ein zartes Tuch um ihre Schultern gelegt hatte.
Der gestrige Tag hatte ihr gut getan. Sie hatte nicht viel gemacht. War durch die Gärten der Hotelanlage geschlendert, hatte lange unter dem Sonnenschirm am Pool geschlafen, am Nil gesessen und ihre Gedanken einfach kommen und wieder vorbeiziehen lassen.
Entspannt saß sie nun in einem der bequemen Sessel, die in der großen Hotellobby standen und beobachtete das Geschehen zwischen dem Eingangsbereich und der Rezeption. Die Wissenschaftlerin hatte vor wenigen Minuten ausgecheckt und das Hotel verlassen. Ein Hotelangestellter goss frisches Wasser in die großen, am Boden stehenden Blumenvasen mit gelben Lilien. Um elf Uhr war sie verabredet mit Mohamed, mit dem sie heute zur Tempelanlage nach Philae fahren würde.

Sie freute sich darauf und dachte daran zurück, wie sie vor neun Jahren gemeinsam mit Mohamed und Mara die Tempelanlagen von Karnak, Luxor und Dendara besucht hatte. Da es gerade nichts Besonderes mehr zu sehen gab, was ihre Aufmerksamkeit beanspruchte, ließ sie bei halbgeschlossenen Augen die inneren Bilder in sich aufsteigen und fühlte die Lebendigkeit dahinter.

Lange hatte sie damals im Tempel von Karnak in der mächtigen Säulenhalle neben Mara gesessen, mit dem Rücken an eine der Säulen gelehnt und die Kraft des Raumes tief in sich aufgenommen. Jenseits der Worte war in jener Situation eine innere Klarheit in ihr erwacht, dass sie selbst und niemand anders die Verantwortung für das eigene Leben trug. Niemals wollte sie mehr einem anderen Menschen die Macht geben, sie in die Ohnmacht zu führen. Vielmehr wollte sie von nun an Gestalter ihres eigenen Lebens sein.
Sie war bereit gewesen, sich in das Ur-Vertrauen in sich selbst hineinfallen zu lassen, auch wenn sie nicht wusste, was anschließend, wenn sie alles abgelegt hatte, was Sicherheit bot, geschehen würde.
Es war der Sprung gewesen, der sie auf den Weg in die eigene innere Freiheit führte. Sie wollte fortan den Pfad der Erkenntnis gehen, sich immer mehr der Führung der Seele anvertrauen und fühlte in ihrem Herzen, dass es nach diesem Sprung kein Zurück mehr gäbe.
Mit kraftvollen, andächtigen Schritten und der wärmenden Sonne im Nacken war sie damals durch den Tempel von Karnak geschritten.

Dachte sie an den Tempel von Luxor zurück, so wurde sie sogleich in ein stilles Feld innerer Harmonie hineingetragen. In der Mitte der Tempelanlage stehend, war es ihr gewesen, als kenne sie jeden Stein und unter dem offenen Himmelsdach hatte sie sich beheimatet gefühlt.

Auch die Leichtigkeit, die sie beim Betreten der ersten Halle in Dendara empfunden hatte, war sofort wieder präsent. Sie war beeindruck gewesen von der noch erhaltenen Farbenpracht der Säulen

und es war ihr so vorgekommen, als hätte sie sich inmitten eines großen, sich ständig ausdehnenden Musikinstruments befunden.
Es war ihr gemeinsamer Geburtstag gewesen und Mara hatte ihr eine Goldkette mit einem Herzen als Anhänger geschenkt. Auch heute trug sie die Kette um den Hals und fühlte das zarte, goldene Herz zwischen ihren Fingern.
Noch einmal spürte sie die Weite in sich, die sie damals empfunden hatte, als sie gemeinsam mit der Zwillingsschwester auf dem Dach der Tempelanlage gestanden und ihre Arme ausgebreitet hatte, als wolle sie die Welt umarmen.
Der Blick in die Ferne der Wüstenlandschaft hatte auch ihr Herz gedehnt und sie hatte sich frei wie nie zuvor gefühlt.

Am Abend hatten sie und Mara auf der Hotelterrasse bei einem Glas Wein dem Untergehen der Sonne zugesehen und über den Weg der Erkenntnis philosophiert. Sie konnte sich noch gut an dieses Gespräch erinnern.
Sarah hatte sich auf besondere Art von der Darstellung einer sich nach oben windender Schlange im Tempel von Dendara anziehen lassen. Ganz zart hatte sie die in den Kosmos aufsteigende Energie hinter der Abbildung gefühlt.
Mara, die bereits damals schon lange mit der ägyptischen Mythologie vertraut war, hatte zu ihr gesagt:

„Die Schlange als kosmisches Wesen stellt symbolisch die Energie der Nephthys dar, die wiederum ein Aspekt der Isis ist, jener urweiblichen Grundenergie. Diese Energie wurde in der Kultur des alten Ägyptens sehr verehrt. Die Nephthys lehrte das Wissen um die Einheit und kann auch als Symbol göttlicher Weisheit und Heilung verstanden werden.

Es ist ein langer und manchmal mühsamer Weg, dieser innere Weg zur Weisheit oder Erleuchtung oder wie auch immer wir dazu sagen wollen.

Ein Weg, der durch viele innere Tore führt und immer wieder bist du gefordert, zu sagen: ‚Ja, ich bin bereit.'
Ich bin bereit, aus den alten Rollen-Spielen von Machtmissbrauch und Ohnmacht herauszutreten.
Ich bin bereit, die Verherrlichung des Leids und des Mitleids zu erkennen und zu verwandeln in wahres Mitgefühl mir selbst gegenüber und anderen.
Ich bin bereit für die Heilung aller Verletzungen.
Ich bin bereit, den entzweienden Zweifel in die Einsicht zu führen, niemals getrennt gewesen zu sein.
Ich bin bereit, mir selbst und anderen Menschen zu verzeihen.
Ich bin bereit, mich zu zeigen und zu sein, wer ich bin.
Ich bin bereit, immer wieder aufzustehen und weiter zu gehen …

So führt der Weg wie in einer endlosen Spirale immer wieder neu durch innere Tore der Erkenntnis hindurch und mutig gehst du weiter.

Mutig, weil du immer wieder in die Augen der liebenden, kosmischen Schlange siehst, die dich zur Häutung und Wandlung ruft.
Mit jeder Häutung wächst du heraus aus einer alten Form. Du lässt eine gefühlte Sicherheit los, um deiner wahren Bestimmung zu begegnen.

So ist jede Erkenntnis wie das süße Gift einer Schlange.

Erkenntnis kann schmerzhaft sein wie ein Schlangenbiss und gleichzeitig süß wie ein Kuss.

Durch das Trinken des Giftes stirbt immer mehr das alte Rollenbewusstsein in dir und die Süße der Auferstehung ins Einheitsbewusstsein erwacht in dir.

Sowohl der Biss als auch der Kuss helfen dir, dein inneres Leuchten zum Strahlen zu bringen."

Diese Reise damals mit Mara und jener Geburtstag waren im Nachhinein betrachtet wie ein Wendepunkt in Sarahs Leben gewesen.
Damals war die Erkenntnis, wie lange sie sich bereits hinter alten Rollen-Spielen und Funktionen verschanzt hatte und sich dabei selbst fremd geworden war, wie der schmerzvolle Biss einer Schlange gewesen. Es hatte weh getan, zuzugeben, dass sie vor sich selbst und der eigenen Kraft lange davongelaufen war. Viel einfacher und komfortabler war es gewesen, im eigenen gefühlten Minderwert zu verharren und die Schuld eigener Unzufriedenheit bei anderen zu suchen.

Das Ablegen der Vorstellungen von Sündenböcken und alten Feindbildern sowie das Heraustreten aus den Pseudo-Sicherheitsgewändern in die eigene Nacktheit war für sie ein schmerzhafter Häutungs-Prozess gewesen.
Dem Blick in die unverschleierte, eigene Ehrlichkeit hatte es gegolten standzuhalten.

Der Schmerz der Erkenntnis, wie oft sie sich im Leben durch unterschiedliche Strategien der Anpassung und Scheinharmonie bereits selbst verraten und die eigene Seele verleugnet hatte, war mit bitteren Tränen einhergegangen.
Mara hatte sie damals, wie so oft schon, liebevoll umarmt und getröstet und wieder Mut gemacht, nicht stehen zu bleiben, vielmehr weiter zu gehen auf dem Weg zu sich selbst und über sich selbst hinaus.

Als säße Mara neben ihr, hörte sie die Worte von damals:
„Wenn du dich dem schmerzhaften Biss der Schlange stellst und sich dir hinter dem Biss der wahre, süße Kuss offenbart, bist du ein anderer Mensch geworden.

Statt einer Schlange kannst du dir auch einen fliegenden, feuerspuckenden Drachen vorstellen. Das Feuer des Drachen verbrennt dein altes Ich und gleichzeitig wirst du von den liebevollen Schwingen des Drachen umarmt und kannst dich neu entfalten.

Es ist der Wandel von Abschied und Neubeginn.
Ein ewiger Prozess innerer Transformation.
So wirst du Schritt für Schritt hineingeboren in das Bewusstsein deiner eigenen Göttlichkeit."

Sarah hatte sich damals geschworen, den inneren Sonnenweg immer weiter zu gehen und wenn es darauf ankäme, einfach durch Wände hindurch zu gehen …

Nach vorne schauend, sich ihres kritischen Verstandes bedienend, der eigenen Intuition vertrauend und nur noch dem Gesetz der kosmischen Liebe folgend.

Das goldene Herz, das ihr Mara an diesem Tag geschenkt hatte, war Symbol und Erinnerung geworden, von nun an dem eigenen Herzen treu zu bleiben.

Während sie an die Schwester dachte, fühlte sie die Goldkette mit dem Herzen um ihren Hals. Wie schön wäre es, wenn sie den Tempel von Philae heute gemeinsam erkunden könnten. Eine ganz zarte, leise Wehmut schlich sich ein, den Tag nicht gemeinsam zu verbringen.
Da war sie wieder im Hier und Jetzt der Hoteleingangshalle und schaute sich um. Mohamed war nicht zu sehen.

Als Sarah auf die Uhr schaute, war es bereits viertel nach elf. Er hatte Verspätung. Nicht, dass sie es eilig gehabt hätte, doch immer dann, wenn ein anderer Mensch nicht zur verabredeten Zeit erschien, klopfte die Ungeduld an, die bei ihr auch schnell in eine Unsicherheit kippen konnte. Sarah kannte aus einem alten Rollen-Spiel das innere Muster, das wie ein aufgezogenes Uhrwerk in ihr ablief und wusste um die subtile Angst dahinter, vergessen zu werden. Auch wenn ihr schon so vieles bewusst war, dennoch hatte sie Situationen gerne unter Kontrolle.
Jetzt ärgerte sie sich ein bisschen, dass sie sich nicht die Handynummer von Mohamed hatte geben lassen und er für sie damit nicht erreichbar war. Etwas angestrengt versuchte sie, wieder Abstand von diesen aufkeimenden Emotionen zu bekommen und wieder einzu-

tauchen in die innere Gelassenheit, in der sie doch gerade noch geschwungen hatte. Doch sie fand ihn gerade nicht – den Weg zum ‚inneren Clown'.

Es war bereits kurz nach halb zwölf und die ägyptische Entschleunigung wollte sich nicht mehr einstellen. Sie wusste nicht, ob sie sich mehr über Mohameds Unpünktlichkeit oder über ihr eigenes Unvermögen, in dieser Situation gelassen zu bleiben, ärgern sollte.

Sie hatte doch gelernt, sich von Emotionen zu distanzieren und eigentlich funktionierte das ganz gut. Doch gerade stand sie sich mit ihrem eigenen hohen Anspruch, nie wieder in alte Muster zu fallen, selbst im Weg und stand auf. Wie ein Tiger im Zoo schritt sie nun immer wieder und wieder die paar Meter zwischen ihrem Warte-Sessel und dem Eingangsbereich auf und ab, ihren olivgrünen Rucksack bei sich tragend. Gerade war sie am überlegen, ob sie das Ganze abbrechen solle, als Mohamed eilenden Schrittes durch die große Eingangstüre des Hotels kam und in ihr angespanntes Gesicht sah. Er entschuldigte sich gleich bei Sarah, es habe mit dem Auto ein Problem gegeben, das er erst hatte beheben müssen. Jetzt, wo Mohamed ihr gegenüberstand, war für Sarah die Welt sofort wieder in Ordnung, die Situation geklärt und unter Kontrolle. Es konnte losgehen.

Kaum hatten sie den klimatisierten Raum verlassen, wurden sie von der ägyptischen Mittagssonne empfangen, die auf sie herabschien. Sarah atmete auf.

Plötzlich konnte sie über sich selbst lachen und fragte sich, warum sie nicht hier draußen gewartet habe, wo sie sich gleich viel freier fühlte. Nebeneinander liefen sie den Weg zur Schiffsanlegestelle hinunter und fuhren mit dem kleinen Boot, das bereits auf sie wartete, hinüber nach Assuan. Anders als in der Nacht, in der sie

angekommen war, war es nun hell und die Sonne glitzerte auf dem Wasser. Die innere Anspannung wich der freudigen Erwartungshaltung, was der Tag im Tempel von Philae mit sich bringen würde.
Kurz bevor sie das Festland erreichten, kam ein kleiner Junge von vielleicht acht Jahren auf einem Schwimmbrett dicht ans Boot herangepaddelt und begann zu singen. Eine ältere Dame, die ebenfalls im Boot mitfuhr, zückte sofort ihren Geldbeutel und drückte dem Jungen ein paar Münzen in die Hand, die er freudestrahlend entgegennahm und dann noch lauter und inbrünstiger weiter sang. Sarah wollte intuitiv auch helfen und war schon dabei, ihren Rucksack zu öffnen, als Mohamed sie kopfschüttelnd ansah. „Der Junge wird von seinen Eltern zum Betteln geschickt statt in die Schule zu gehen. Wenn er mit dem Betteln Erfolg hat, wird sich an der Situation nichts ändern." Die Argumentation von Mohamed leuchtete Sarah auch ein und sie schloss den Rucksack. Der Junge schaute Sarah mit enttäuschten Augen an und sie fühlte sich unwohl in ihrer Haut. Wie gerne hätte sie geholfen, doch es war ihr klar, dass sie nicht an die Wurzeln des eigentlichen Dilemmas herankommen würde. Verlegen kramte sie das einzige, das sie zu bieten hatte, aus der Seitentasche und schenkte dem Jungen die restlichen Ingwerbonbons, die noch in der Tüte waren. Er nahm die Bonbons an sich und paddelte zügig, nachdem er erkannt hatte, dass es hier nichts mehr zu holen gab, zum nächsten Boot. Sarah schaute ihm nach und es war ihr, als fühle sie einen Augenblick das ganze Leid der Welt in ihrem Herzen.
Sie hatten das andere Ufer bereits erreicht. Mohamed reichte Sarah beim Aussteigen des Bootes behilflich die Hand und zeigte auf sein Auto, das wenige Meter neben der Anlegestelle stand.

Kaum waren sie losgefahren, drehte Mohamed das Radio an und ein alter Schlager aus den Achtzigern übertönte die klapprigen Geräusche des Autos, das sichtbar in die Jahre gekommen war. Zielsicher steuerte Mohamed das Gefährt durch die Straßen von Assuan, vorbei an Autos, Mopeds und Eselkarren. Sarah schaute aus dem Fenster und nahm die vielen Eindrücke wahr, die sich ihr boten. Prachtvolle Hotelbauten mit Blick auf den Nil und wenige Straßen weiter sichtbare Armut grauer Häuserfassaden, von denen der Putz abbröckelte. Es lag viel Müll auf den Gehwegen, doch niemand schien sich daran zu stören. Vor einem kleinen Laden bot ein Mann Gemüse und südliche Früchte an. Das laute Hupen eines vorbeifahrenden Busses, die Musik aus dem Radio und Mohamed, der allerhand Wissenswertes über Assuan, die südlichste Stadt Ägyptens, von sich gab. Geschichtsdaten, Einwohnerzahl und Hinweise auf Sehenswürdigkeiten der Umgebung wie beispielsweise die bekannte Kitchenerinsel mit ihrer Naturschönheit rauschten als langanhaltender Informationsstrom an Sarah vorbei. Sie wollte das Gehörte greifen, doch gleichzeitig entglitt es ihr wie Wasser in den Händen. Es waren zu viele Eindrücke gleichzeitig.
Sie hatten die Stadt Assuan hinter sich gelassen und fuhren nun etwa acht Kilometer auf der weniger dicht befahrenen Straße Richtung Süden und gelangten zu einem großen Parkplatz. Hier spuckten normalerweise die großen doppelstöckigen Touristenbusse ihre Gäste aus, die sie mit den Booten zum Tempel Philae schipperten. Statt Massen an Touristen waren einige Gruppen Einheimischer zu sehen. Auch vereinzelte Grüppchen von ausländischen Touristen, auf die sich die vielen Händler sofort stürzten, um ihre Waren anzubieten. Mohamed schritt zügig an den bunten Teppichen, auf denen die Händler am Boden kniend ihre Waren ausgebreitet hatten, vorbei und Sarah folgte dicht hinter ihm entlang des schmalen

Weges, der zum Wasser hinunterführte. Abermals das Gefühl von Überforderung beim Anblick der vielen Händler, die sie mit bettelndem Blick ansahen, etwas zu kaufen. Kaum dass sich ihre Schritte verlangsamten und sie sich umschaute, ob sie etwas kaufen möge, da sprangen gleich mehrere Händler auf und redeten wild auf sie ein. Mohamed drehte sich zu ihr um und wies den Weg ins wartende Boot. Geschafft – sie saß im Boot neben Mohamed und es ging weiter. Wieder ein Schritt näher am Ziel.

Am liebsten hätte Sarah jetzt einfach nur auf das Wasser des gestauten Nassersees geschaut, doch Mohamed hatte wieder zu reden begonnen und sie wollte nicht unhöflich sein und hörte ihm zu. Es war ja interessant, was er alles zu berichten wusste, auch wenn Sarah manches bereits bekannt war. „Durch den Bau des ersten Staudamms um die Jahrhundertwende, zwischen 1898-1902, wurde die Insel Philae für zehn Monate im Jahr überflutet. Als dann später, zwischen 1960-1971 der große, moderne Staudamm von Assuan gebaut wurde, um die Wirtschaft Ägyptens voranzutreiben, da wurde die gesamte Tempelanlage komplett unter Wasser gesetzt. Die einst leuchtende Farbenpracht des Tempels ging im Wasser für immer verloren.“ Mohameds Stimme klang traurig, als er hinzufügte: „Auch die Dörfer der Nubier, die einst hier wohnten, wurden damit unter Wasser gesetzt. Sie verloren ihre Heimat.“
Während es Sarah noch schwer ums Herz war beim Hineinfühlen in die Menschen, die hier einst gelebt und ihr zu Hause verloren hatten, erzählte Mohamed bereits weiter von der großen Rettungsaktion unter der Schirmherrschaft der UNESCO und so schilderte er, wie in den Jahren 1977-1980 die komplette Tempelanlage aufwendig trockengelegt, Stein für Stein abgetragen und schließlich auf der

benachbarten, etwas höher gelegenen Insel Agilkia originalgetreu wieder neu aufgebaut worden war.
Mohamed berichtete von dieser damals weltweit aufsehenerregenden Aktion und gleichzeitig erschien die Insel mit dem Isis-Tempel immer größer und deutlicher vor ihnen. Sie fuhren vorbei an kleinen, kahlen, felsigen Inseln, die aus dem Wasser ragten und schon hatten sie die Bootsanlegestelle erreicht. Die Fahrt zur Insel war schnell vergangen.

Sarahs Füße berührten den Boden der Insel und ihr Herz begann ungewöhnlich stark zu klopfen. Sie wollte hineinhören in das, was ihr Herz ihr sagen wollte.
Doch das plötzlich laute Stimmengewirr einer Touristen-Gruppe, die aus einem anderen Boot ausstieg, übertönte die zarten inneren Töne. Mohamed organisierte die Eintrittskarten und es ging weiter den schmalen Weg nach oben zur Tempelanlage.

Als sie neben Mohamed den breiten Tempelvorplatz vor dem ersten Pylonen des Isis-Tempels betrat, war sie tief beeindruckt von der Schönheit und blieb staunend stehen.
Mohamed erzählte, dass dieser Platz mit den beidseitigen Säulengängen auch als ‚Dromos' bezeichnet werde und führte sie zur Westseite, um eine der zweiunddreißig Säulen näher zu betrachten.
Zwischen der mit Reliefs verzierten Wand, welche die Grenze des Tempelkomplexes zum Wasser bildete und dem Säulengang, hatte man etwas Schatten und Sarah nutzte die Gelegenheit, einen Schluck Wasser aus dem Rucksack zu holen. Jetzt, in der Mittagssonne, war es heiß und sie fühlte sich bereits von der Anreise recht erschöpft.
Es gab zwei Eingänge durch den ersten Pylonen in den ersten Hof. Mohamed führte sie nicht durch das Haupttor in der Mitte, sondern

durch das linke Tor des zwanzig Meter in die Höhe ragenden Pylonen hindurch und steuerte direkt zum Eingang des Mammisi, dem sogenannten Geburtshaus. Hier waren sie zunächst alleine und Sarah schaute sich interessiert um.

Sie betrachtete die Reliefs und Mohamed erzählte ihr, dass sie die Geburt von Horus, dem Kind von Isis und Osiris, zeigten. Horus stehe symbolisch für einen erweiterten Bewusstseinsfokus, der geboren werde aus der Vereinigung der Energiefelder Isis und Osiris. Im Grunde sei es die Auferstehungsenergie, die im christlichen Glauben auch als die Christusenergie bezeichnet werde.
Mohamed ließ die gesprochenen Worte eine Weile stehen und sie konnten sich ausdehnen.
Dankbar für den Augenblick der Stille tauchte Sarah sogleich darin ein und fühlte, wie sich ihr Herz erhob.

Sie kannte griechische und römische Tempelanlagen, die nur das Auge angesprochen hatten, während der Geist heimatlos suchend in den Anlagen weiter geirrt war. Hier, im Tempel von Philae, wurde ihr Geist angesprochen. Ihr Herz wurde berührt. Alles drang viel tiefer.
Sarah ahnte, dass dieser Ort in ein erweitertes Bewusstsein führte.

Sie lächelte Mohamed zu und er fühlte sich aufgefordert, weiter zu erzählen. Vergleichbar mit Yin und Yang, den dualen und einander ergänzenden Prinzipien aus dem Daoismus, der chinesischen Philosophie, oder Shiva und Shakti aus dem Hinduismus, der seinen Ursprung in Indien habe, könne man vereinfacht gesprochen auch Isis als weibliche Ur-Kraft und Osiris als männliche Ur-Kraft des Universums bezeichnen.

Mohamed erzählte nun ausführlich von Isis, der Göttin der ägyptischen Mythologie, der zu Ehren der Tempel von Philae erbaut worden war. Sarah nickte ihm verstehend zu, als er betonte, dass – wenn er von Göttern spreche – diese als Metapher, als Aspekte des Einen stünden. Gott manifestiere sich in verschiedenen Gottheiten. So stünden die Götter für Aspekte immer der gleichen Ur-Energie der Einheit.
Isis sei keine Person, vielmehr die Energie der weiblichen Ur-Kraft, die auch als Große göttliche Mutter bezeichnet werden könne. Hathor und Nephtys seien wiederum Aspekte der Isis wie Seth beispielsweise ein Aspekt von Osiris.
Es gehe nicht darum, Götter anzubeten, vielmehr darum, zu erkennen, dass jeder Mensch einen Aspekt, einen Strahl des Göttlichen in sich trage. Mohamed brachte es schließlich so auf den Punkt: „Jeder Mensch ist ein Aspekt der göttlichen Essenz."

In der Kultur des alten Ägyptens, so fuhr Mohamed weiter fort, habe es Mysterien-Schulen gegeben, in denen Priesterinnen und Priester, die ein hohes magisches Wissen in sich trugen, das Wissen der Einheit, in der Verbindung von Isis und Osiris, lehrten.
Sarah fühlte intuitiv, wovon Mohamed sprach und es war ihr, als liefe ein lebendiger Film in ihrem Herzen ab, der für ihre physischen Augen und Ohren jedoch nicht fassbar war.
Ihre Seele sehnte sich nach Stille und sie wollte hineinfühlen in die innere Weite.

In diesem Moment wurde es jedoch eng und laut, denn ein weiterer Guide mit einer kleinen Touristengruppe hatte den Raum betreten. Mohamed war gerade dabei zu erzählen, wie später das Ur-Wissen immer mehr verwässert und auch verfälscht worden sei und dass viele Legenden und Geschichten entstanden seien. Offensichtlich kannte Mohamed den anderen Guide, denn er unterbrach seinen Redefluss und die beiden wechselten ein paar Worte in ihrer Muttersprache, die Sarah nicht verstand. Als fühle sich Mohamed plötzlich in einer beobachteten Position, erschien es Sarah, als werfe er über sein Wissen, das ihm zu vermitteln am Herzen lag, ein verhüllendes Tuch.

Was er nun von sich gab, war die Reduktion auf geschichtliche Daten. Ausführlich erzählte er jetzt vom römischen Kaiser Augustus, der auf einem Relief im Mammisi zu erkennen sei und berichtete dann, dass die letzten Ausschmückungen dieses Raumes unter dem römischen Kaiser Tiberius fertig gestellt wurden, den man ebenfalls auf einem Relief abgebildet sehe. In ptolemäischer und auch in römischer Zeit erfreute sich der Isis-Kult einer überregionalen Verbreitung, was auch, so fuhr Mohamed fort, zu einem fördernden Einfluss auf die Bauwerke auf Philae beigetragen hätte. Da diese Tempelanlage zu jener Zeit zu den wichtigsten Orten im ganzen Mittelmeerraum gezählt habe, an denen der Isis-Kult gefeiert wurde, wären die jeweiligen Herrscher bestrebt gewesen, ihre eigene Handschrift in Form von Denkmälern zu hinterlassen. Während sich Mohamed zunehmend in geschichtlichen Daten verfing und bemüht war, es besonders gut zu machen, rutschte er immer mehr in die Rolle und Funktion des Reiseleiters und spulte nun routiniert sein Wissens-Repertoire herunter.
Obwohl Sarah angestrengt versuchte, Mohamed konzentriert zuzuhören, merkte sie eine innere Anspannung, die immer stärker wurde. Sie wollte Mohamed, dem sie dankbar war, dass er sie an diesen Ort geführt hatte, in keiner Weise durch ihre Unaufmerksamkeit verletzten und gleichzeitig wurde der innere Zustand

immer unangenehmer. Ihr Kopf konnte die vielen Daten gar nicht mehr aufnehmen und sie bekam rasendes Herzklopfen. Alles in ihr sehnte sich nach Stille.
Sarah wunderte sich über sich selbst, dass sie ihre angespannte Situation nicht verbal zum Ausdruck bringen konnte. Längst hatte sie doch gelernt, auf ihre diplomatische und gleichzeitig klare Art auch konstruktiv Grenzen zu setzen und kannte sich als wortgewandten Menschen, dem es normalerweise keine Schwierigkeiten mehr machte, sich selber aus solchen Situationen herauszuhelfen. Doch jetzt hatte sie das Gefühl, als sei ihre Kehle zugeschnürt und sie fand einfach keine Worte. Schlimmer noch, sie hatte das Empfinden von Gefangensein und aus dem Herzrasen stieg ein namenloser Herzschmerz auf, als zerrisse dieses in tausend Stücke.

So war sie froh, als Mohamed sie nach einer Weile aufforderte, weiter zu gehen. Erleichtert trat sie hinter ihm hinaus ins Freie und holte sich zugleich etwas zum Trinken aus ihrem Rucksack. Auch die Touristengruppe mit dem anderen Guide verließ hinter ihnen das Mammisi und steuerte, die beiden überholend, nun direkt auf den zweiten Pylonen zu, der den Eingang zum eigentlichen Isis-Tempel eröffnete. Nachdem Sarah ihre Wasserflasche wieder verstaut hatte, fragte Mohamed Sarah, ob sie einverstanden sei, dass sie erst die hinteren Gebäude der Insel aufsuchen und sich den Haupttempel der Isis bis zum Schluss aufheben würden. Sarah hatte den Eindruck, dass Mohamed es wenig vergnüglich fand, dem anderen Guide zu folgen und nickte ihm erleichtert zu. Auch ihr war es recht, erstmal im Freien zu bleiben.
Als sie an der westlichen Kaimauer entlangliefen und sie auf den Nassersee, das gestaute Nilwasser, das die Insel umgab, blicken konnte, beruhigte sich wieder langsam ihr Herz und sie konnte freier

atmen. Vorbei am Tor des Hadrian und dem Harendotes-Tempel gelangten sie zu dem hinteren Teil der Insel mit dem Augustus-Tempel.
Mohameds Redefluss war bereits langsamer geworden, als er erzählte, dass der Isis-Tempel im Zeitfenster zwischen Ende 535 – Mitte 537 n. Chr. auf Anordnung von Justinian I. zwangsweise geschlossen wurde. Dieses Datum wurde auch als Ende der ägyptischen Kultur der Spätantike bezeichnet.
Dass die letzten Priesterinnen und Priester des Tempels gefangen genommen wurden, hatte er Sarah bereits in ihrem Gespräch vor zwei Tagen erzählt, als sie gemeinsam in der Hotellobby gesessen hatten. Jetzt fühlten sich die Worte an wie ein zarter, unsichtbarer Faden, der zu einem alten Herzschmerz führte.
Im Norden der Insel waren sie gerade am Diocletian-Tor vorbei gegangen, als Mohamed berichtete, dass es nach der gewaltsamen Schließung des Tempels zu Plünderungen und teilweise starken Beschädigungen der Reliefs gekommen sei und manche Heiligtümer nach Konstantinopel überführt worden seien. Dass Bischof Theodorus, der zur gleichen Zeit wie Justinian I. gelebt hatte, eine Kirche auf der Insel erbauen ließ, wie man Inschriften im Tempel entnehmen könne, hatte den Tempel vermutlich vor dem weiteren Zerfall bewahrt.
Sie hatten den Hathor-Tempel erreicht und Sarah berührte die Eingangs-Säule ganz sanft mit ihrer Hand. Es wurde ihr leichter ums Herz und sie atmete aus.
Mohamed hielt inne und schaute sie erwartungslos an. Intuitiv spürte er, dass es Zeit war, aus seiner Reiseleiter-Rolle wieder herauszufinden. Auch ließ er ihr die Zeit, die sie offensichtlich gerade benötigte und nahm sich zurück.

Nach einer Weile meinte Sarah nachdenklich: „Wie gut, dass es in der Geschichte immer wieder Menschen gab, die auch in Zeiten von Intoleranz dem Machtmissbrauch mit kreativen Lösungen begegneten. So war das Umfunktionieren eines Bereichs des Tempels in ein Gotteshaus, das als Kirche geweiht wurde, zumindest eine Möglichkeit, viele Bauten und Reliefs des Isis-Tempels trotz der Zerstörungen im Zuge der Zwangschristianisierung zu erhalten." Sarah war erleichtert, die Sprache wieder gefunden zu haben und Mohamed nickte ihr zu.
Seine Frage, ob sie nun den Hathor-Tempel betreten und besichtigen wollten, um dann weiter zum Isis-Tempel zu gehen, beantwortete Sarah mit einem Kopfschütteln und fand schnell die passenden Worte: „Mohamed, ich fühle in meinem Inneren gerade so viel an Bewegung, dass ich mich nach einem Ort des Rückzugs sehne. Lass uns doch bitte irgendwo hinsetzen und ein bisschen ausruhen."

Mohamed schien auch erleichtert, nun eine klare Anweisung und damit Orientierung zu bekommen und schlug vor, in das nahe gelegene Bistro zu gehen, um etwas zu trinken. Sarah war sofort einverstanden. Sie gingen vorbei an dem sogenannten Trajan-Kiosk, einem imposanten Tempel aus der Römerzeit und erreichten nach wenigen Minuten am südöstlichen Ende der Insel eine überdachte Theke, wo man Getränke gereicht bekam. Mohamed wählte Karkadé, roten Malventee, und erklärte, dass dies ein landestypisches Getränk sei. Sarah hatte Verlangen nach etwas Süßem, um den Blutzuckerspiegel schnell wieder in die Höhe zu treiben und bat um eine kalte Limonade. Mit einem freundlichen "Shokran" bedankte sie sich bei dem Ägypter, der ihr die Flasche reichte, legte das Geld auf den Tresen und setzte sich mit Mohamed auf eine etwas abseits gelegene Stein-

mauer unter einer Dattelpalme. Hier war es angenehm schattig und man konnte auf das Wasser sehen.
Das kühle Getränk tat gut und sie spürte, wie die Energie langsam wieder in ihren Körper zurückfloss. Mohamed holte aus seiner Tasche zwei kleine Tüten mit getrockneten Datteln, in deren Mitte sich frischer Ingwer befand. Sarah nahm die ihr gereichte Tüte dankend an und war angenehm überrascht, wie gut die Süße der Datteln mit der Schärfe des Ingwers harmonierte.

„Du kanntest den Reiseführer, dem wir im Horus-Tempel begegnet sind?“ fragte Sarah nach einer Weile. Mohamed nickte. „Wir waren vor einigen Jahren Kollegen und arbeiteten in der gleichen Tourismus-Agentur. Wir hatten ein unterschiedliches Selbstverständnis unseres beruflichen Anforderungsprofils. Ging es dem Kollegen darum, den Erwartungen unseres Vorgesetzten akkurat zu entsprechen und das Wissens-Repertoire standardisiert an die Touristen weiterzugeben, ging es mir um viel mehr. Ich wollte immer erzählen, dass Ägypten die Wiege der Spiritualität ist und die Herzen der Menschen berühren. Ich wollte an die Weisheit des Herzens hinter dem Wissen erinnern.
Das geht nicht bei jeder Gruppe, die du führst. Die meisten Touristen wollen nur einfach durchgeschleust werden und schöne Fotos machen, die sie dann in alle Welt schicken können, um zu zeigen, wo sie überall waren.
Doch es gibt auch manchmal Menschen oder Gruppen, denen geht es um mehr und dann erzähle ich über die Energie hinter dem äußerlich Sichtbaren. Das habe ich vor einigen Jahren bei einer Gruppe auch so gemacht und das war für alle sehr stimmig. Doch mein Kollege hat das mitbekommen, dass ich vom standardisierten Programm abgewichen bin und hat mich beim Chef verraten. Ich

bekam damals ziemlich Ärger mit meinem Vorgesetzten und habe daraus gelernt, dass ich achtsam sein muss, wann und wo ich etwas sage. Meine jüngste Tochter war damals gerade geboren und ich durfte meinen Job nicht verlieren und gleichzeitig wollte ich meiner eigentlichen Berufung, die in meinem Beruf liegt, nachkommen. So lernte ich, zu prüfen und zu differenzieren, wann ich Dinge offen ansprechen und wann ich mich an das äußere Programm anpassten musste. Manchmal geht es auch, zwischen den Zeilen zu sprechen. Du sagst etwas, ohne es wirklich zu sagen."
Sarah lächelte Mohamed verstehend zu, sie kannte diesen Balanceakt nur zu gut und hatte sich schon so oft in der gleichen Situation befunden. „Was glaubst du, war der Beweggrund des ehemaligen Kollegen, dich beim Vorgesetzten zu verraten?" Mohamed zuckte mit den Schultern. „Genau weiß ich es nicht, doch ich vermute, dass es Neid war. Er merkte, dass ich zu manchen Gruppen einen besonderen Zugang hatte und ich bekam auch deutlich mehr Trinkgeld als er.
Als die Touristen von heute auf morgen fernblieben, haben wir beide unseren Job verloren und uns seitdem nicht mehr gesehen. Als wir uns vorher wieder begegneten, habe ich ihn gefragt, wie er jetzt mit der Situation klarkommt und was er macht."
„Du bist ihm also nicht mehr böse?" Mohamed schüttelte den Kopf. „Ich habe mich damals über sein Verhalten geärgert und ihm das auch gesagt, doch ich war nicht nachtragend. Er hat auch kleine Kinder und muss schauen, dass er durchkommt. Doch ich bin vorsichtiger geworden. Ich spreche nicht mehr so offenherzig über alles wie früher. Das habe ich bereits in den Jahren in Deutschland gelernt, als ich häufig in Situationen kam, in denen ich mich als Ausländer gedemütigt und ausgeschlossen fühlte. Du lernst, dich

hinter äußeren Rollen zu schützen und prüfst, wann du dich wirklich zeigen kannst."
Sarah wusste, wovon Mohamed sprach und nickte ihm zu: „Ja, ich verstehe, was du meinst. Auf dem Weg hier her auf die Insel habe ich dich ganz in deiner Funktion als Reiseleiter wahrgenommen. Nur anfangs, als wir alleine im Horus-Tempel, dem Mammisi, waren, da fühlte ich ganz deutlich deine Seele hinter der Rolle. Als dann dein früherer Kollege kam, hast du, symbolisch gesprochen, sogleich dein schützendes Kostüm übergeworfen und warst wieder ganz in deiner funktionalen Professionalität."
Sarah war froh, dass Mohamed mit ihren offenen Worten so gut umgehen konnte und ganz ehrlich und reflektiert antwortete: „Wenn ich unsicher bin, rutsche ich schnell in ein Rollenverhalten hinein und dann läuft ein altes, inneres Schutz-Programm ab. Dann halte ich die Stille nicht aus und verfalle ins pausenlose Reden. Dann ist es, als baue ich mit Worten eine Schutzmauer um mich herum und es dauert dann eine Weile, bis ich es merke und mich selbst wieder finde.
Es war mir so unangenehm, zu spät zu kommen und ich sah in deinem Blick die Ungeduld. Da kam die alte Furcht in mir hoch, nicht gut genug zu sein, Erwartungen nicht zu genügen und den Auftrag wieder zu verlieren." Mohamed seufzte beim Erzählen erleichtert auf, als Sarah ihn verständnisvoll ansah und fügte nun fast vergnügt hinzu: „Ach ja, eben das ganze alte Programm … und dann wollte ich es wieder gut machen und dir ganz viel erzählen und geben. Ich habe es besonders gut gemeint und dann hat es in mir begonnen zu plappern. Erst im Horus-Tempel fand ich langsam zur inneren Ruhe, doch dann kam schon der frühere Kollege und wieder wurde ein altes Muster in mir angekurbelt, das erneut Unsicherheiten in mir auslöste."

Sie nickte ihm verständnisvoll und wohlwollend zu. Im Grunde war es einfach, über eigene Unsicherheiten, die ja so menschlich waren, zu sprechen.

Es war ihr, als hätte Mohamed mit diesen offenen, ehrlichen Worten seine inneren Flügel ausgebreitet. Die Weite, die er für sich nun wieder geschaffen hatte, berührte auch Sarahs Herz.
Hier, auf der Steinmauer sitzend, ließ sie ihren Blick über das Wasser gleiten und wagte den Blick ins eigene Herz, das vorhin noch so geschmerzt hatte. Auf eigentümliche Weise hatte sich der Schmerz wie ein klebriges Band über ihren Mund gelegt, so dass ein innerer Schrei erstickt worden war.
Sarahs innerer Blick ging weit zurück in ihre Kindheit. Zwar hatte sie einen Weg gefunden, die Erfahrung des körperlichen und seelischen Missbrauchs zu befrieden, doch die Spuren des Leids waren wie ein alter Abdruck gespeichert. Das System wusste noch, wie es sich anfühlte, ohne Stimme schreien zu wollen. Ein Gefühl von Ohnmacht und Kontrollverlust.
Im Inneren wusste sie nun, dass dieser Schmerz noch viel tiefer ging und viel weiter zurück reichte als in ihre Kindheit. Es war nicht nötig, Bilder eines alten Leids hervorzukramen und es ging auch nicht darum, dem Staub einer alten, untergegangen Welt nachzuweinen. Die vergangenen Erfahrungen eines namenlosen Schmerzes durften und sollten nun in die Heilung gehen. Die Zeit war reif dafür.
Mit ihrer Hand strich sie behutsam über die steinerne Mauer, auf der sie saß und fühlte zwischen den Fingern den sandigen Staub.

Hinter der Vergänglichkeit der Materie ahnte sie die Lebendigkeit des ewigen Jetzt.

Es fühlte sich wie ein Geistesblitz an und plötzlich wusste Sarah, dass die alten Steine von einem Raum erzählten, der jenseits der Materie niemals untergehen würde. Es war der Raum der Leere, in der Alles war.

Da war es ihr, als habe sie für einen Augenblick hinter dem Biss der Schlange den süßen Kuss geschmeckt.

Sie wandte sich nun wieder Mohamed zu, der gerade genüsslich seine letzte Dattel verspeiste und geduldig geschwiegen hatte.
Er bemerkte das stille Lächeln in ihrem Gesicht und fragte: „Hat dir deine Seele etwas zugeflüstert?“ Nun strahlte Sarah ihn an und ein freudiges: „Ja, genau so ist es“, klang aus ihrem Mund.
„Jetzt weiß ich, was ich mir von Herzen wünsche, lieber Mohamed!“
Dieser schaute sie gespannt an und Sarah fuhr fort: „Lass uns übermorgen, am Freitag, bitte erneut hier her kommen auf die Insel. Und dann lass uns schweigend durch die Tempelanlage gehen. Ich möchte das Flüstern meines Herzens hören.“ Sarahs Augen strahlten, als sie diesen Wunsch äußerte und Mohamed lächelte nickend zurück. „Sehr gerne mache ich das und freue mich, dir schweigend zur Seite zu stehen.“
Sarah atmete erleichtert auf und bedankte sich bei Mohamed, der sich auch freute und nun seiner charmanten Seite Ausdruck verlieh: „Du hast ein schönes Lachen, Sarah. Durch dein äußeres Strahlen ist die Freude deines Herzens spürbar. Und diese Freude ist richtig ansteckend. Jetzt freut sich mein Herz auch.“ Beide konnten nun herzhaft lachen.

Während sie gemeinsam zur Bootsanlegestelle zurück schlenderten, drehte sich Sarah nochmals zu dem mächtigen Eingangstor, dem

ersten Pylonen um und fasste sich intuitiv ans Herz. Am Freitag würde sie wiederkommen und dann auch durch den zweiten Pylonen schreiten.
Mohamed schaute sie von der Seite an und sagte spontan: „Habe ich dir schon gesagt, dass Philae das Herz von Ägypten ist?“ Sarah schaute ihn mit weit aufgerissenen Augen an und fragte: „Ach, tatsächlich?“
Er nickte und meinte: „Ja, denn hier auf Philae hat der Legende nach Isis das Herz von Osiris gefunden. Doch das ist eine längere Geschichte. Wenn es dich interessiert, erzähle ich sie dir ein anderes Mal. Jetzt bin ich still, um nicht wieder ins Plappern zu verfallen.“
Beide stiegen wenig später in das Boot ein. Diesmal fuhren sie an der östlichen Seite der Insel vorbei, von wo aus der große Trajan-Tempel gut sichtbar in den Himmel ragte.

Schweigend und in sich gekehrt im Boot sitzend, schaute Sarah der Insel nach, die mit jeder Minute immer mehr in die Ferne entrückte und kleiner wurde.
Nun fühlte sie ein zartes Gefühl der Traurigkeit, dass der Tempelbesuch so ganz anders verlaufen war als sie es sich vorgestellt hatte. Den eigentlichen Isis-Tempel hinter dem zweiten Pylonen hatte sie noch nicht einmal betreten. Gerade noch rechtzeitig, bevor die Traurigkeit in Enttäuschung hinunterrutschen konnte, stoppte Sarah ihren Gedankengang und hielt inne.
Es machte keinen Sinn, die Tempelbesuche miteinander zu vergleichen. Ob Karnak, Luxor, Dendara oder heute Philae, jeder Tempel bot neue und einmalige Erfahrungsfelder. Vielleicht waren es gerade die Erwartungen, welche die Offenheit der Wahrnehmung blockierten. Am besten war es, wenn es gelang, sich ganz frei zu machen von spektakulären Vorstellungen. Am Freitag, wenn sie wieder kommen

würde, wollte sie ganz frei sein von Erwartungen und sich einfach der Führung ihrer Seele hingeben.

Gedankenverloren stieg sie hinter Mohamed aus dem Boot aus und folgte ihm den Weg bergan, vorbei an den Händlern, die neben ihrer Ware saßen, die sie auf Teppichen ausgebreitet hatten. Sarah schaute beim Gehen auf den Boden, um sich vor manch aufdringlichem Händler zu schützen und bei keinem falsche Hoffnungen zu wecken.

Plötzlich, wie einer inneren Eingebung folgend, wandte sie ihren Kopf zur Seite und wurde magisch angezogen von den Augen einer Frau. Wie gebannt blieb Sarah stehen. Die Augen gehörten zu einer Frau mittleren Alters, die einen weißen Schal um ihren Kopf gebunden trug. An den Schläfen schauten ein paar schwarze Haarsträhnen hervor. Die Frau war etwas kleiner und zierlicher als Sarah und stand einfach da. Sie erinnerte in ihrem Erscheinungsbild an eine der Hathor-Säulen vor dem Mammisi, die Sarah in der Tempelanlage gerade noch bewundert hatte. Die Frau hatte eine Ausstrahlung voll Anmut, Grazie und Würde. Sarah konnte nicht anders, sie schaute ihr wie elektrisiert in die Augen.
In deren Blick lag eine tiefe, stille Güte.
Der Blick führte in einen Raum jenseits aller Worte.
Augenblick der Berührung.

In ihren geöffneten Händen hielt die Frau eine Schale, in der sich Parfum-Flakons befanden. Lächelnd reichte die Frau Sarah eine der kleinen Fläschchen und nickte ihr zu, sie zu öffnen und daran zu riechen. Behutsam drehte Sarah den rosafarbenen Schraubverschluss auf und ein blumiger, zärtlicher und beruhigender Geruch flog ihr entgegen. Auf dem Etikett war die Abbildung einer rosafarbenen

Rose zu sehen. Noch einmal sog sie diesen geradezu himmlischen Duft des Rosenparfums in sich ein und lächelte zurück.
Mohamed, der in der Zwischenzeit bemerkt hatte, dass Sarah mit einer Händlerin in Kontakt getreten war, stand nun an ihrer Seite und beobachtete, wie die beiden Frauen ohne Worte miteinander kommunizierten. Sarah wählte ein schönes, größeres Flakon aus, reichte die Banknoten und steckte das Fläschchen achtsam in ihren Rucksack. Beim Kauf hatte sie sofort an Mara gedacht, der sie das Rosenparfum schenken wollte.

Noch einmal berührten sich die Blicke der beiden Frauen.
Sarah fühlte sich wie hineingezogen in ein leuchtendes Sonnentor und es war ihr, als sähe sie eine weit geöffnete Rosenblüte aus deren Herzen emporsteigen.
Diese Frau hatte in ihrem Herzen das Licht bewahrt, das Sarah im Tempel gesucht hatte.

Ohne Worte stand in Sarahs Blick die Frage:
„Wie gelange ich durch dieses Sonnentor?“

Jenseits der Worte vernahm Sarah tief in ihrem Inneren die Antwort:
Es ist ‚gleich-gültig‘ wie weit du auf deinem Weg gekommen bist, du bist immer genau richtig da, wo du gerade bist. Sei dir selbst unendlich dankbar für jedes Tor, das du bereits durchschritten hast und freue dich daran.
Und begegne dir mit liebender Sanftmut, auch dann, wenn du ein Tor nicht erreichst oder es sich noch nicht für dich öffnet.
Lege das Runde der Zufriedenheit um das Eckige und du wirst sehen, dass das Eckige rund ist. So kannst du auch mit dem Eckigen leben und umgehen.

Sarah legte als Geste des Dankes ihre Handinnenflächen auf Herzhöhe aufeinander und verneigte sich mit einem Lächeln. Die ägyptische Frau antwortete mit der gleichen Geste und lächelte zurück.

Nun machte sich ein kleines Mädchen von etwa sechs Jahren bemerkbar, das bisher still neben der Frau am Boden gesessen hatte. Es schmiegte sich an die Mutter heran, die mit der einen Hand die Schale mit dem Rosenöl hielt und mit der anderen Hand nun über den Kopf des Kindes streichelte.
Das Mädchen sprach Sarah an, doch diese konnte es nicht verstehen. Mohamed übersetzte, dass das Mädchen ihr gerne ihre selbst geknüpften Halsketten zeigen wolle und ob sie nicht eine kaufen möge. Das Mädchen zeigte auf eine große Auswahl bunter Ketten, die sie am Boden auf einer rosafarbenen Samtdecke ausgebreitet hatte. Sarah kniete sich gemeinsam mit dem Kind auf den Boden und betrachtete die Ketten.
Jedes Schmuckstück sah ein bisschen anders aus. Es gab längere und kürzere Ketten in unterschiedlichen Farbzusammenstellungen, doch alle Halsketten bestanden aus kleinen, farbigen Glaswürfeln, die miteinander verknüpft waren. Sarah war etwas unschlüssig, denn die eckige Form der Glasperlen sprach sie weniger an. Das Kind bemerkte das Zögern und streckte Sarah nun eine Halskette mit weißen, rosafarbenen und roten Perlen entgegen. Sie nahm die Kette in Empfang und strich mit den Fingern über die kantigen Glasperlen. Sarah bat Mohamed zu übersetzen, ob das Mädchen auch eine Kette mit runden Glasperlen habe. Das Kind schüttelte verständnislos den Kopf und meinte, jede Kette sei doch rund, sobald man Anfang und Ende am Verschluss zusammenführe.
Sarah lachte. So gesehen hatte das Mädchen natürlich recht. Erneut holte Sarah den Geldbeutel aus dem Rucksack und reichte dem

strahlenden Kind die gewünschte Summe. Die Halskette zog sich Sarah gleich an und winkte dem Kind mit der Mutter beim Gehen zu.

Sie waren bereits beim Auto angelangt, als das Mädchen ihnen nachgesprungen kam. Das Kind streckte seine rechte Hand, die es zur Faust zusammengefaltet hatte, Sarah entgegen und meinte aufgeregt, dass es noch ein Geschenk von der Mutter für sie habe.
Während Sarah ihre Hand zur aufnehmenden Schale formte, öffnete das Mädchen ihre Faust und legte eine einzelne, kleine, runde Glasperle hinein. Staunend betrachtete Sarah die bunte Kugel. Da meinte das Mädchen, es solle Sarah von der Mutter noch etwas ausrichten und sprach den Satz aus, den ihr die Mutter mitgegeben hatte. Auf Sarahs fragenden Blick übersetzte Mohamed, was sie gesagt hatte:

„Lege das Runde der ‚Zu-Frieden-heit' um das Eckige und du wirst sehen, dass das Eckige rund ist."

So berührte der Herzenssatz sie erneut und flog als harmonisches Echo durch sie hindurch.

Zutiefst berührt dankte Sarah dem Mädchen, das sogleich wieder zurück zur Mutter eilte. Sarah legte ihre Hand aufs Herz und deutete in deren Richtung gewandt eine dankende Verneigung an. Sie war sich sicher, dass ihre Antwort auch über die äußere Distanz des Parkplatzes mit Autos und Menschen hinweg bei der schönen ägyptischen Frau angekommen war.

Gerade wollte Sarah ins Auto einsteigen, da sah sie, wie eine Kobra, die sich hinter dem Vorderrad ein schattiges Plätzchen gesucht hatte, hervorkroch. Erschrocken rief Sarah: „Mohamed, eine Schlange!"
Mohamed, der bereits auf der anderen Seite des Autos stand, sprach mit sanften und bestimmten Worten: „Bleib ganz ruhig stehen. Wenn du keine Furcht hast, wird sie dich nicht angreifen."
Sarah fühlte die Glasperle in ihrer Hand und atmete tief durch. Das war ja interessant, heute Morgen hatte sie in der Hotellobby noch an das Gespräch mit Mara gedacht, als sie über die Symbolkraft der Schlange gesprochen hatten und jetzt stand sie keinen Meter entfernt von einer lebendigen Schlange.
Das Runde in der Hand spürend und die Schlange im Blick, kam ihr plötzlich in den Sinn, dass Erkenntnis jenseits konkreter Vorstellungen und Erwartungen liege, wie etwas scheinbar zu sein habe, und sich somit auch jeder Wertung und Bewertung entziehe.

Sie brauchte nur das Herz zu öffnen, so dass sich die Rosenblüte darin vollkommen entfalten konnte.
Aus dem Herzen betrachtet war alles rund, weil es kein Schwarz und Weiß, kein Gut und Böse mehr gab.
Plötzlich war Sarah bewusst, dass Erkenntnis eng verbunden war mit der Suche nach Wahrheit. Entsprach das Eckige, das im außen als wahr erschien, wirklich der Wahrheit? Oder zeigte sich Wahrheit nicht vielmehr erst auf den zweiten oder gar dritten Blick, als schimmere es aus dem Unsichtbaren hervor?
Der Würfel auf der Bühne war eckig gewesen, doch dahinter hatte das Licht geleuchtet.
Schaute man hinter die Schattenspiele, offenbarte sich das lichtvolle Runde.

So galt es also, das Eckige zu befrieden und in das Licht des Friedens innerer ‚Zu-Frieden-heit' zu hüllen, die nicht blind war, sondern sehend.

Es brauchte Mut, der Erkenntnis in die Augen zu schauen, denn man konnte gebissen werden vom Schmerz der Wahrheit.

Doch dahinter lächelte der süße Kuss der Neugeburt.

Als fühle sie eine wohlwollende Hand auf ihren Schultern, durchflutete Sarah ein Strom von Mitgefühl. Dieser warme, innere Fluss wurde gespeist aus einer Quelle liebevollen Annehmens.

Es war das Annehmen des vordergründig Eckigen im mitfühlenden Blick auf alle Hände, die noch festhalten wollten an Sicherheiten eines Spiels, das einer alten Welt entstammte.

„Komm ganz langsam einen Schritt zurück!" Sarah hatte die ganze Zeit den Blick auf die Schlange gerichtet und somit nicht mitbekommen, dass Mohamed in der Zwischenzeit zu ihr herübergekommen war und nun hinter ihr stand. Da fühlte sie, dass er seine Hand auf ihre Schulter gelegt hatte und sie sanft zurückzog. Aus nun sicherer Entfernung schlug Mohamed ein paar Mal mit einem Stock auf den Boden und das Tier schlängelte sich ins Gebüsch.
Sarah drehte sich nun lächelnd zu Mohamed um und sagte: „Danke von Herzen. Shokran".

Als Mohamed sich später, als sie das Hotel wieder erreicht hatten, von Sarah verabschiedete, lag immer noch dieses stille Lächeln in ihrem Gesicht und sie hielt die Glasperle in ihrer Hand umschlungen.
Wieder einmal hatte Sarah die Erfahrung gemacht, dass es die kleinen und unscheinbaren Augenblicke waren, die das Leben so großartig machten.

7. Kapitel:
Im Herzen Ägyptens

Sarah stand bereits unten an der Bootsanlegestelle und schaute auf das Wasser. Den Kopf hatte sie mit ihrem Sonnenhut bedeckt und den weißen Schal locker um den Hals gelegt. Ein warmer Wind strich durch ihren leichten Sommerrock.
Der Blick in die Augen der ägyptischen Frau, die ihr die bunte Kugel geschenkt hatte, hatte etwas in ihr verändert, ohne dass sie es richtig greifen konnte. Es war Sarah, als hätte eine liebevolle Hand ganz zärtlich über die Narben in ihrem Herzen gestrichen und diese geglättet. Dieser magische Blick hatte etwas in ihr initiiert, das in eine innere Bewegung führte, die sich rund anfühlte. Vielleicht stand die ägyptische Frau wieder am gleichen Platz. Allein an sie zu denken, erweckte ein Gefühl der Freude in Sarah.
Da kam er auch schon, diesmal war Mohamed ganz pünktlich. Sie begrüßten sich herzlich und erneut ging es auf die Insel Philae. „Du siehst gut aus, Sarah. So entspannt und erholt. Hattest du gestern einen guten Tag?" erkundigte sich Mohamed freundlich nach ihr. Sarah nickte ihm zu und erzählte, dass sie einen ganz ruhigen Tag verbracht und viel auf den Nil geschaut habe. Während sie den Fluss überquerten, streckte Sarah ihre Hand über die Reling des Bootes und spürte mit den Fingerspitzen das Wasser. Es fühlte sich ganz weich an und ein leicht modriger und gleichzeitig angenehmer Geruch strömte ihr entgegen.
„Mohamed, ich liebe den Nil. Gestern saß ich auf einem Felsen direkt am Ufer und habe dem Fließen des Nils zugehört. Da vernahm ich in meinem Herzen, dass hier, in Ägypten, meine Seelenheimat ist."

Mohamed lächelte ihr wohlwollend zu. „Die ägyptische Geschichte geht viel weiter zurück in die Vergangenheit als die biblische Geschichte. Ägypten kannst du auch bezeichnen als die Mutter deiner Kultur. Auch wenn die alte Kultur Ägyptens untergegangen ist, die Energie ist immer noch in diesem Land. Im Hier und Heute liegt in unserem Land vieles im Argen und es gäbe einiges, das zu verändern wäre. Dennoch bin ich stolz, ein Ägypter zu sein."
Sarah freute sich für Mohamed, dass er trotz äußerer Not über so einen inneren Reichtum verfügte. Mohamed legte seine rechte Hand auf sein Herz und meinte: „Meine Väter haben mit der Flutung durch die Staudämme ihre Heimat hier in Nubien verloren. Das ist schmerzhaft, wenn du deine Heimat verlierst.
Doch hinter der äußeren Heimat gibt es eine innere Heimat und die ist hier drin. Die Quelle ist im eigenen Herzzentrum.

Jetzt geht es wieder nach Hause, zurück ins Herzzentrum. In die Quelle, die nicht im außen liegt, sondern im innen. Nichts und niemand hat die Macht, mich von diesem Weg abzuhalten.
Manchmal komme ich ins Straucheln und bin unsicher, doch dann fühle ich ins Herz und finde den Weg wieder zurück. Ich habe schon viel Demütigung und Missbrauch erfahren und ich weiß, wie es sich anfühlt, ein Ausländer zu sein in einem fremden Land. Doch ich weiß auch um meine Seelenheimat und so verstehe ich dich gut, Sarah."

Schweigend fuhren sie durch die Straßen Assuans. Auch wenn das Auto, das Mohamed steuerte, wenig Komfort bot und offensichtlich einige Sicherheitsmängel aufwies, lehnte sich Sarah entspannt zurück und schaute zum Fenster hinaus. Sie wollte dem Tag und den

Erfahrungen, die er mit sich bringen würde, so offen wie möglich begegnen.
Beim Parkplatz angelangt, schaute sie erst, dass keine Schlange in der Nähe zu sehen war, bevor sie ausstieg. Der zweite Blick galt der Suche nach der schönen ägyptischen Frau. Auch sie war nicht zu sehen. Ein bisschen bedauerte sie es, dennoch war Sarah nicht enttäuscht, weil sie ohne Erwartungshaltung gekommen war und schon öfter die Erfahrung gemacht hatte, dass magische Augenblicke nicht planbar waren, sondern einfach geschahen. In der Regel dann, wenn man am wenigsten damit rechnete.
Stattdessen kamen zwei junge Ägypter auf Sarah zugeeilt und boten ihr verschiedene Lesezeichen zum Kauf. Angelehnt an die ägyptische Tradition handelte es sich um Papyrusstreifen, auf denen farbige Bilder und Hieroglyphen zu sehen waren. Der eine Mann hatte bereits fertige Lesezeichen in der Hand, der andere trug leere Papyrusstreifen bei sich mit einer ägyptischen Schreiberpalette aus Holz. Er fragte Sarah eindringlich: „What ist your name?" Mohamed erklärte Sarah, dass er sein Geld damit verdiene, den Namen von Touristen auf Papyrus zu schreiben. Sarah ließ sich darauf ein und nannte ihren Namen.
Einer der beiden Männer zog zwei getrocknete Binsen aus seiner Schreiberpalette und kaute an den unten schräg angeschnittenen Enden bis diese faserig waren und feinen Pinseln glichen. Behändig tunkte er die Schreibgeräte in die kleinen Mulden mit Wasser, roter und schwarzer Farbe, die sich in der Holzpalette befanden und zeichnete Hieroglyphen auf den Papyrusstreifen. Sarah staunte, wie schnell er das Kunstwerk fertig hatte und ihr mit lachenden Augen überreichte. Von dem anderen jungen Mann kaufte sie noch zusätzlich ein Lesezeichen, auf dem ein einzelnes Auge zu sehen war und darunter ebenfalls Zeichen, die sie nicht lesen konnte.

Mohamed wies weitere Händler, die sich in der Zwischenzeit mit bunten Seidentüchern um sie drängten, freundlich und gleichzeig bestimmt zurück und führte Sarah den Weg hinunter zum Boot.
Ein zweites Mal fuhren sie nun der Insel Philae entgegen.

Mohamed deutete auf die beiden Lesezeichen, die Sarah in der Hand hielt und fragte sie: „Gefällt dir das?“ Sarah zuckte mit den Schultern. „Die beiden jungen Männer waren froh, etwas verkaufen zu können und ich finde die Lesezeichen ganz nett. Sie werden mich an diese Reise erinnern. Die Papierstreifen selbst sind eher unbedeutend, doch die Tage hier in Ägypten, an die ich denken werde, wenn ich sie in die Hand nehmen werde, schimmern dann hindurch.“
Mohamed nickte ihr verstehend zu und meinte: „Im Grunde kann man die alten Hieroglyphen nicht in Worte übersetzen und auch einen Namen nicht einfach so übersetzen, denn eine Hieroglyphe ist kein simpler Buchstabe, sie ist viel mehr.“
Sarah lächelte ihm zu. „Ja, Mohamed. Ich habe seit unserer letzten Reise viel über Hieroglyphen gelesen und auch mit Mara darüber gesprochen und möchte immer mehr eintauchen in die Weisheit hinter diesem Wissen.
Eine Hieroglyphe ist nichts Statisches, vielmehr schwingt sie in einer lichten Frequenz in ständiger Bewegung.

Für mich sind Hieroglyphen wie Musik und tanzen zwischen Himmel und Erde.
Was mich an ihnen interessiert, das ist weniger das vordergründig Sichtbare, vielmehr die Energie dahinter.

Das wurde mir nochmals bewusst, als ich der schönen Ägypterin in die Augen sah. Es waren nicht die physischen Augen, die so Beson-

ders waren, sondern die Kraft und Liebe, die durch sie strahlten. Der Blick in die Augen erzählte von einer Energie, die so großartig ist, dass ich zutiefst berührt war.
Es war mir, als hätte ich vor einem lichten Tor gestanden, aus dem mir weißes, kristallines Licht umarmend entgegen geflammt wäre.

Wahrheit ist so wahrhaftig und licht und schwingt auf einer klaren, reinen Herzenslinie.

Da gibt es kein richtig und kein falsch und kein Rechthabenwollen. Die Linie hat sich geschlossen zum Kreis und sie ist rund.

Das habe ich vernommen beim Blick in die Augen der schönen Ägypterin, die so majestätisch dastand wie eine Hathor-Säule. Ich habe ihre Sprache nicht verstanden und dennoch hat sie zu mir gesprochen.

Vielleicht kann man das mit den Hieroglyphen vergleichen. Sie sind ästhetisch schön anzusehen, doch letztlich geht es nicht um den äußeren Zierrat.
Betrachtest du nur das, was deine Augen sehen können, kommst du nicht hinein in den Tempel. Deine Füße tragen dich zwar hindurch, doch im Grunde bleibst du vor dem Tor stehen."

Nach einer Weile meinte Mohamed ernsthaft: „Ich habe einige Jahre in deinem Heimatland gewohnt und mich mit deiner Kultur vertraut gemacht. Auch da ist es wichtig, hinter die Dinge zu sehen. Ihr feiert Weihnachten und hängt bunte Kugeln an einen Christbaum, zündet Kerzen an und macht euch gegenseitige viele Geschenke. Dic Verführung ist groß, in der bunten Glitzerwelt hängenzubleiben

und die wahre Botschaft des Festes im kollektiven Kaufrausch zu verfehlen.“ Sarah lachte zustimmend auf.
„Das hast du treffend formuliert, Mohamed. Je weniger die Kraft und Energie hinter dem ganzen Marketing-Event gesehen wird, desto lächerlicher wirkt das ganze Weihnachtsgedöns.“

Nachdenklich fügte Sarah hinzu: „Ich glaube, wir Menschen, gleichgültig in welcher Kultur wir leben, sind aufgerufen, uns weder blenden noch irritieren zu lassen vom Zwielicht der Äußerlichkeiten, sondern vielmehr wieder zu lernen, die Wahrheit hinter den Dingen zu sehen.

Es wäre hilfreich, wenn wir differenzieren würden, was wir meinen zu sehen und was wir wahrhaftig sehen. Das, was wir vordergründig sehen, ob es nun symbolisch gesprochen das Relief in der Wand eines Tempels ist oder die Christbaumkugel, ist nicht entscheidend. Wichtig ist vielmehr die verborgene Energie hinter dem Sichtbaren. Es kommt darauf an, durch die äußere Form, die Bilder und Symbole hindurch zu sehen, um das Wahrhaftige zu erkennen und sich die verborgenen Wissensspeicher zu erschließen.“

Mohamed legte beide Hände auf sein Herz und beugte sich etwas näher zu Sarah, als er ihr zuflüsterte: „Sarah, du hast wahrhaftig ein ägyptisches Herz. Ich werde dich heute nicht als Touristin durch den Tempel führen, sondern als Seelenschwester.“ Auch Sarah legte ihre Hände auf ihr Herz und dankte ihm für diese Worte.

Majestätisch groß und einladend wirkte der Tempel der Isis, als Sarah den Boden erneut betrat. Im Licht der Mittagssonne schritt

Sarah über den großen Tempelvorhof. Sie spürte die räumliche Weite des Platzes auch in ihrem Herzen und ließ sich gleichzeitig von einer klaren, zielgerichteten Fokussierung leiten. Die innere Klarheit diente als Kompass auf dem Weg.
Sie wollte diesmal auf direktem Weg ins Sanktuarium, in das Heiligtum des Isis-Tempels.

Der erste Pylon.
Sarah steuerte auf das Haupttor in der Mitte zu und spürte die klare Entschlusskraft.
Ich bin bereit.
Ich bin bereit, mir selbst zu begegnen.
Ich bin bereit, nach Hause zu kommen.
In der Haltung lichtvoller Demut schritt Sarah durch das erste Tor hindurch.
Ein warmer Wind strich durch ihr Haar.
Sarah durchschritt das Tor alleine und gleichzeitig war es ihr, als ginge sie Hand in Hand mit der Zwillingsschwester.
Geborgenheit im Geiste.

Der zweite Pylon.
Leicht und zielsicher trugen ihre Füße sie durch das zweite Tor.
Ein paar Stufen. Einige Touristen im Säulenatrium und Mohamed hinter ihr. Er erzählte etwas von den ausgewaschenen Farben, die hier einst geleuchtet hatten.
Ihre körperlichen Sinne sahen und hörten, doch sie ließ sich davon nicht mehr vereinnahmen, sondern folgte dem Ruf des Herzens.
Geh weiter.

Schritt für Schritt, andächtig und nach vorne gewandt ging sie weiter. Den schmalen Gang entlang. Den Blick hatte sie gerichtet auf das Licht am Ende des Ganges.
Ein Tor nach dem anderen durchschreitend, immer weiter gehend.
Sie blickte nicht mehr zurück.
Und ging einfach weiter.

In der Mitte des letzten Raumes der Altarstein.
Auf ihn wurde damals die Barke mit der Statue der Göttin Isis als Abbild der weiblichen Ur-Energie gestellt.
Der Sockel hatte die Zeit überdauert. Der Stein war immer noch da.
Seine äußeren Farben hatte er verloren. Doch er besaß eine innewohnende Strahlkraft, die Sarah berührte.

Intuitiv legte sie beide Hände auf den Stein.
Erneut schritt Sarah durch Tore hindurch – es waren innere Herzens-Tore.
Und ließ sich sanft in die Energie hinein gleiten.
Als spüre sie den zarten Pulsschlag des Steines war es ihr, als trete sie ein in einen Seelenraum, der sich immer mehr weitete.
Augen und Ohren geschlossen, sah und hörte sie lichter und klarer als je zuvor.

Der Stein unter ihren Händen fühlte sich warm und weich an.
So wie das eigene Herz.
Hingebungsvoll lauschte sie dem Gesang der Seele.
Die Musik tönte harmonisch.
Ein reiner Klang. Jeder Ton war in sich rund.
Musik von zu Hause.

Vor ihrem inneren Auge sah sie, wie sich eine zartrosafarbene Rose öffnete.
Ganz langsam. Ganz von selbst.
In der Mitte ein Tropfen Morgentau.
Die Rosenknospe ihres Herzens war aufgebrochen.
Ein altes Leid brach aus Sarah heraus und sie begann zu weinen.
Sie weinte und weinte und weinte.
Es sprudelte heraus aus dem geöffneten Herzen.
Als sänge der Stein aus ihrem Leben, fühlte sie alle Erfahrungen ihrer unendlich vielen Wege.

Heilsame Tränen flossen und fielen auf den Stein.
Der Stein kannte die Tränen.
Und Sarah erkannte, dass sie selbst in den einsamsten Stunden der Einsamkeit niemals wirklich getrennt gewesen war.
Die Reste einer alten Starre hatten sich gelöst und waren in Bewegung gekommen. Es war, als fließe nun der Nil heilend durch das einst verletzte Herz hindurch.
Als legten sich gleichsam liebende Hände auf ihr Herz. Da lösten sich alte Herzverletzungen und Disharmonien wie von selbst auf und fügten wieder zusammen, was zusammengehörte.
Das einst Getrennte verschmolz ineinander und wurde wieder eins.
Die Tränen verwandelten sich in lichte Spiralen, die sich von innen nach außen weiteten.
Das geheilte und wieder vereinte Herz war frei.

Der aufgewühlte innere Fluss hatte sich beruhigt und war zur Ruhe gekommen.
Ein namenloses Mitgefühl hatte sich über alle Grenzen hinweg gedehnt.

Nun konnten auch die dunkelsten Ecken nicht anders und offenbarten ihr wahres Licht.
Die zusammenführende Kraft des Verzeihens und Annehmens erhob das Schwere in die Leichtigkeit.
Aus der geöffneten Rosenblüte funkelte eine Fontäne des Lichts.
In ihrer Mitte eine goldene Perle.

Hier, in diesem heiligen Raum, war sie in aufrechter Demut ihrer eigenen Heiligkeit begegnet.
Hier hatte sie die Wahrheit ihrer eigenen Wahrhaftigkeit wahrgenommen.
Sarah dankte der Schöpfung und öffnete die irdischen Augen.

Sich im Raum umschauend, sah sie, dass ein paar Touristen im Raum waren und die Reliefs betrachteten. Mohamed stand nur ein paar Meter entfernt beim Eingang ins Sanktuarium und sprach mit dem Tempelwächter. Mohamed fing sofort Sarahs suchenden Blick auf und begleitete sie wieder zurück durch den Gang, durch den sie gekommen waren.
Draußen im warmen Sonnenlicht blinzelte Sarah und ihre Augen mussten sich erst wieder gewöhnen an die Helligkeit. Die grobstoffliche Physis war herausgefordert, sich auf die neue, lichte Frequenz einzuschwingen.

Schweigend lief Sarah neben Mohamed her. In ihrem Gesicht ein stilles Lächeln. Noch immer der Begegnung mit dem eigenen Licht nachsinnend, ließ sie sich von Mohamed führen.

Jetzt standen sie vor dem kleinen Hathor-Tempel, der von der Sonne beschienen war.

„Wollen wir hineingehen?“ fragte Mohamed. „Ja, gerne.“
Schritte der Leichtigkeit führten Sarah in den lichten Tempel der Hathor. Gleißende Sonnenstrahlen fielen in das alte Gemäuer, das zum Himmel geöffnet war.
Sarah blieb am hinteren Ende des Raumes vor einem Säulentor stehen und betrachtete die Reliefs. Wie schön sie waren. Sie bewunderte ihre Feinheit und Ästhetik. Mit ihren Augen fuhr sie die Konturen der Bilder nach und versuchte, zu verstehen, was diese bedeuteten.
Da merkte sie, dass sie Antworten über den Verstand suchte und an den äußeren Abbildungen hängen blieb. Wie schnell trugen die reduzierten menschlichen Sinne der Wahrnehmung in Felder der Interpretation und Illusion.
Nach der wertvollen Erfahrung, die sie im Sanktuarium gemacht hatte, war sie dafür sensibilisiert, sich nicht mehr verleiten zu lassen, am äußerlich Sichtbaren haften zu bleiben.

Sarah fühlte die Fragen in sich aufkeimen:
„Wie gelingt es mir, Illusion und Wahrheit zu unterscheiden?
Kann es geschehen, an äußeren Erscheinungen hängen zu bleiben, ohne dies zu bemerken?“
Wie weiße Wolken, die am Himmel vorbeizogen, spürte sie in sich die Worte:
Mach dir nicht so viele Gedanken.
Folge einfach der Sehnsucht nach Wahrheit in deinem Herzen.
Wahrheit ist nichts Statisches.
Fühle in dein Herz hinein.
Durchdringe die Schleier der Illusion, indem du alles vergisst, was du meintest, als wahr erkannt zu haben.
Die Wahrheit liegt stets hinter den Bildern und Symbolen.

Da gibt es nichts mehr.
Keine Vorstellung, keine Formen, keine Farben.
Durchschreite dieses innere Tor und alles löst sich auf.
Und zurück bleibt Nichts.
Dieses Nichts ist so leicht wie eine Feder und dann fühlst du es.
Du weißt es einfach.
In einer Klarheit, die ganz rein ist und ursprünglich und dann weißt du, dass du es schon immer gewusst hast.
Die Wahrheit liegt im Herzen deiner Weisheit, die du bist.

Die irdischen Augen nun geschlossen, sah sie vor ihrem inneren Auge das Auge des Horus, wie es auch abgebildet war auf dem Papyrusstreifen, den sie erhalten hatte. Sie erkannte es als Symbol dafür, alles hinter sich zu lassen, was sie bisher als Wissen meinte erkannt zu haben, um sich über alle dreidimensionalen Vorstellungen, Sicherheiten und Glaubenssätze schwingen zu können.
Hinter dem vordergründigen Wissen leuchtete ein höheres Wissen hindurch, das auf einer anderen Ebene schwang.

Sarah erhob ihren Blick und betrachtete das Relief im oberen Teil des Tores.
Es zeigte eine geflügelte Sonne.
Wenn auch schon längst verwaschen, so hörte sie noch die Symphonie der leuchtenden Farben, die das Symbol einst geschmückt hatte.
Sie spürte die Kraft der Vollkommenheit der heiligen Sprache der Hieroglyphen.
Hinter dem Abbild schimmerte die Kraft eines erweiterten Bewusstseins, das sich über sich selbst erhoben hatte.

Jenseits aller Bilder und Worte nahm sie die All-Liebe eines kosmischen Herzens wahr, das wie eine Sonne leuchtete.

Die eigenen Schwingen auszubreiten und in die innere Freiheit zu treten bedeutete, die Bindungen eines alten Rollen- und Mangelbewusstseins endgültig abzulegen.

Mit dem Ausbreiten der Flügel innerer Freiheit war gleichzeitig das Annehmen der eigenen Verantwortung aus einem neuen, liebenden Einheitsbewusstsein verbunden.
In diesem Augenblick wusste Sarah aus einer erweiterten Klarheit heraus, dass sie selbst und niemand anders die Verantwortung für den weiteren Weg in sich trug.

Nie wieder wollte sie anderen Menschen oder gar einem System die Verantwortung für das eigene Leben übertragen, denn dies bedeutete, in die Dichte einer Bindung oder Abhängigkeit hinab zu sinken.
Vielleicht würden die alten Spiele von Macht und Ohnmacht noch ein paar Runden weitergespielt werden, doch sie selbst stand als Akteur und Spielfigur nicht mehr zur Verfügung.

Der Weg lag nun sonnenklar vor ihr.
Es ging um die letzte Befreiung aus der Dichte der Illusion von Polarität und Trennung und damit verbundener Manipulation.

Die Zeit der Unterwürfigkeit und Anbetung von Götterstatuen oder Autoritäten war vorbei. Nichts und niemand durfte mehr die Macht bekommen, sie jemals wieder in die ‚Ohn-Macht' der Selbstverleugnung zu stoßen.

Auch wenn die äußere Freiheit begrenzt war, die innere Freiheit war grenzenlos.
Auf den Flügeln der Freiheit flog im harmonischen Gleichklang die Verantwortung.
Es war die Verantwortung, die ausgetretenen Felder von Angst und Minderwertigkeit abschließend zu verlassen.

Sie war bereit, den alten Theaterbühnen endgültig den Rücken zu kehren.
Um frei zu sein, ihrer eigenen Schöpferkraft zu begegnen.

Sie war bereit, innerlich aufzustehen.
Augenhöhe war angesagt. Augenhöhe mit der eigenen inneren Vollkommenheit.

Sie war bereit, in die eigene Würde zu treten.
Sich der eigenen göttlichen Essenz bewusst zu werden und diese anzunehmen.

Aufrecht schritt sie durch das große Sonnentor hindurch.

Die Weite der Unendlichkeit flog ihr entgegen.

Da wusste sie, dass die Wahrhaftigkeit der Wahrheit wie ein unendlicher, kraftvoller Fluss durch sie hindurch strömte.
Mitten in diesem Fluss lag das Leben ewiger Bewegung.

Den Wahrnehmungskanälen ihres Herzens vertrauend, fühlte sie in sich die Worte:

Die Wahrheit ist nicht dieses oder jenes im außen.
Die Wahrheit bist du selbst.
Habe den Mut, diese Kraft zu sein.

So glich also auch der Mensch einer Hieroglyphe.

Das äußere, die Materie, war nicht so entscheidend.
Sie war vergänglich. Entscheidend war die Energie dahinter.
Das Unsichtbare hinter dem Sichtbaren.

Es ging darum, das Licht, das sich hinter dem äußeren Abbild verbarg, frei zu legen, um frei zu werden.

Das Streben galt der Erfahrung der Ewigkeit, der Wahrheit in ewiger Bewegung, die hinter dem Abbild stand.
Jedes Mal, wenn sich der Schleier der Illusion lüftete, konnte sie mit dem inneren Auge sehen, was immer schon da war.

Der Körper war der Tempel der Seele.

Da stand sie, aufrecht und schön.
In erwachtem ‚Selbst-Bewusst-Sein' und lächelte.
Sie versprach sich selbst, ihrer kosmischen Seele, immer treu zu bleiben.
In guten wie in schlechten Zeiten.
Gott und Göttin in sich zum Altar zu führen, um ewig vereint zu sein in der alles verbindenden Einheit.

Die Abendsonne glitzerte auf ihrem Haar, als sie neben Mohamed im Boot sitzend wieder zurückfuhren. Sarah fühlte, dass etwas in ihr heil geworden war. Es war ganz leicht geschehen, ohne dass sie dafür etwas hatte tun müssen.
Mit dem Verstand konnte sie es nicht greifen, doch Sarah ahnte die Heilkraft hinter den Reliefs. Die Papyrusstreifen hatte sie aus dem Rucksack geholt und schaute die Symbole nochmals an.
In den vergangenen Monaten war ihr die verbale Sprache immer anstrengender erschienen. So oft waren die gesprochenen Worte in der Dichte zwischen Sender und Empfänger hängen geblieben und hatten so viele Missverständnisse und Konflikte erzeugt. Oft hatte sie sich gesehnt nach einer Sprache ohne Worte.

Da lag die neue alte Sprache in ihren Händen und sie strich behutsam mit ihren Fingern über die Hieroglyphen. Ja, es gab eine Sprache hinter der Sprache. Es war gar nicht so entscheidend, was gesagt wurde, sondern aus welcher Energie heraus die Mitteilungen flossen.

Während die Angst in einer Dichte schwang, erhob sich Wahrheit immer in eine hohe Liebesfrequenz.

Wenn jedes gesprochene Wort, das über die Lippen der Menschen kam, nicht nur aus den Kehlen, sondern auch aus der Seele floss, dann entstand eine lichte Verbindungsbrücke von Herz zu Herz. Herzensworte aus einer hohen Liebesenergie führten in die Heilung.

Das reinste Wort war das lächelnde Schweigen.

Die Hieroglyphen hatten sich in all den Jahren nicht weiterentwickelt, denn sie trugen in sich bereits die Vollkommenheit. Sie waren vollkommen, denn sie schwangen in einer lichtvollen Ebene hinter allen Worten und Bildern.
Sarah erkannte die Hieroglyphen als Sprache der Einheit – als Sprache einer allumfassenden universalen Liebe. Die Hieroglyphen gaben Einblick in die Wahrhaftigkeit und öffneten die Schleier der Illusion.

War nicht der Tod die größte Illusion?

Als lächle ihre Seele ihr zu, fühlte sie die Worte wie ein Winken aus einer anderen Welt:

Wenn die Angst vor dem Tod stirbt, dann beginnt das Leben.

Dann entfalten sich die Flügel der Freiheit in eine höherschwingende Dimension.

8. Kapitel:
Kosmische Umarmung

Mohamed hatte es tatsächlich möglich gemacht. Er verfügte über geheime Kanäle, die er nutzen konnte. Und es hatte ihm Freude gemacht, Sarah diesen Herzenswunsch zu erfüllen.
Der Motor des kleinen Fischerbootes tuckerte gleichförmig und ein sonnengewärmter Geruch stieg aus den Wellenbewegungen des Nils empor. Sarah fühlte die Sanftmut und Bescheidenheit in der Ausstrahlung des älteren Fischers, der sein Boot einem Ort zusteuerte, der für Touristen nicht zugänglich war.
Sie saß auf der mittleren Holzbank des Bootes mit Blick nach vorne neben Mohamed, der sich nach hinten gedreht hatte und dem Fischer gegenübersaß. Gelegentlich tauschten die beiden Nubier ein paar Worte in ihrer Muttersprache aus. Auch wenn Sarah weder ihre Gesichter sah, noch die Sprache verstand, so fühlte sie die Vertrautheit der beiden Männer und den wohlwollenden Blick des Fischers in ihrem Rücken. Im vorderen Teil lag auf dem Holzboden ein Fischernetz, das bei dieser Fahrt nicht zum Einsatz kam. Ihre Sandalen hatte Sarah im Rucksack verstaut und fühlte die von der Mittagssonne gewärmten Holzbretter des Bootes unter ihren Füßen. Ihren Blick nach vorne gerichtet, sah sie auf die Weite des Nassersees. Ein drittes Mal war Philae das Ziel. Doch diesmal ging es nicht zur Tempelanlage, an der sie bereits vorbeigefahren waren.

Die Ur-Insel zu betreten, auf der einst der Tempel gestanden hatte, bevor er geflutet wurde, war der Wunsch von Sarah. Am frühen Morgen hatte Mohamed sie angerufen und ihr die freudige Nach-

richt überbracht, dass er sie mittags erneut abholen könne und ein Fischer sie zu dem Sehnsuchtsort fahren würde.
Rechts von ihnen die felsige, karge Insel Biga mit dem Tor des Osiris, das aufgrund des niedrigen Wasserstandes weitgehend sichtbar war. Der Fischer steuerte das Boot etwas nach Osten und da lag sie vor ihnen, die Ur-Insel Philae. Nur kurze Zeit des Jahres ragte noch eine schmale, langgezogene Sandbank mit niederwüchsigem Gestrüpp aus dem Wasser. Sie hatten Glück. Dieser Zeitpunkt war jetzt. Wie gebannt schaute sie nach vorne auf die sandige Insel. Etwas Feierliches lag in der Luft.
Als sie die Insel erreichten, zogen die Männer das Boot mit dem Bug an Land und der alte Fischer reichte ihr freundlich die Hand zum Aussteigen.
Ihren Rucksack ließ sie zurück im Schiffsrumpf beim Fischernetz und lächelte den beiden Männern, die beim Boot verweilen wollten, zu. Worte waren auf dieser Insel nicht nötig, sie verstanden einander auch so.

Barfuß berührte Sarah den heiligen Boden. Hier, am Rande der Insel, war der Sand feucht und ihre Füße sanken leicht in dem Untergrund ein. Nach ein paar Schritten wurde der Boden fester und trocken und Sarah bewegte sich andächtig zu dem etwas erhabeneren Teil der Insel, wo das Gestrüpp so hoch war, dass das Fischerboot nicht mehr zu sehen war.
Sich umschauend, gab es nicht mehr zu sehen als ein bisschen Vegetation auf einem sandigen Boden, das Wasser, das die Insel umgab und die karge Felslandschaft am anderen Ufer.

Hier, wo nichts war, war gleichzeitig ALLES.

Jenseits der Ablenkung durch irgendwelche Sinnesreize lag eine friedvolle Stille. Kein einziger Stein war mehr zu sehen, der an die Tempelanlage erinnerte, die hier auf diesem Boden einst gestanden hatte. Und dennoch war es Sarah, als stünde sie mitten in einem großen Tempel aus Licht.

Erneut wurde ihr bewusst, dass es nicht auf das Sichtbare ankam, sondern auf die Energie dahinter. Auch wenn die Steine der Tempelanlage voller Ästhetik und Schönheit anzusehen waren und sie fühlte, dass diese beseelt waren, so war die Ur-Energie hier auf dieser Insel, wo der Tempel ursprünglich gestanden hatte, noch reiner und stärker spürbar als auf der benachbarten Insel, wo die Anlage wieder aufgebaut worden war.
Hier, wo sie jetzt stand, war eine Ur-Kraft zu spüren, die in einer Dimension jenseits von Zeit und Raum schwang. Es gab nichts zu tun, nichts zu denken, nichts zu wollen. Ein Zustand, der sich unwirklich anfühlte, wie herausgehoben in die Stille des ewigen Jetzt.

Als Zeichen der Demut und Ehrerbietung vor der Schöpfung kniete sie sich intuitiv nieder und fühlte mit den Händen den feinen, warmen Sand. Der Erde so nah, spürte sie gleichzeitig, wie sich ihr Herz zum Himmel weitete. Es war, als öffne es sich für eine Kommunikation mit der kosmischen Seele jenseits aller Worte.

Als trete Sarah in diesem lichtvollen Tempel mitten hinein in das Heiligtum, wurde sie vom eigenen inneren Licht berührt.
Die Berührung geschah im Zentrum des Herzens.
Und wie von selbst wurde sie zu einem Kanal der Liebe.

Der leichte, warme Wind, der über die Insel blies, trug ein stilles Lächeln der Zwillingsschwester zu ihr.
Da öffnete Sarah ihre Arme und breitete diese aus.
Sie fühlte die kosmische Umarmung.
Sie war schmetterlingszart und erhob sich in die Unendlichkeit.

Auf dem Boden kniend erhob sie den Kopf und schaute zur Sonne empor.

Die Sonne strahlte über alle Ecken und Kanten hinweg.
Die Sonne war rund.

Sie fühlte den Kuss der Sonne.

Mit geschlossenen Augen sah sie, wie ein lichter Strahl der Sonne in sie hineinfloss.
Sie gab sich hin.
Es war die Hingabe an das Leben, an die Schöpfung, an das Sein.

Mit ausgebreiteten Flügeln fühlte sie, wie das Licht der kosmischen Seele ihr ganzes irdische Menschsein umarmte.

Ihr Herz sang zur Sonne empor.
Wie eine Spirale tanzten die Töne in das Runde der Einheit hinein.

Das Herzzentrum fühlte sich nun an wie eine innere Sonne.

Sie war angekommen in der Sonne ihrer göttlichen Essenz.

In die zarte Weite floss eine zentrierte Kraft und erhob in eine liebende Glückseligkeit.

Dieser kosmische Drei-Klang war nun ein Klang und er schwang im Einklang mit sich und der Schöpfung.

Am Himmel bildete sich eine Wolkenformation mit zwei runden Bögen, die einer liegenden drei glich. Darunter spiegelverkehrt eine weitere drei, deren Bögen sich nach oben öffneten. Da flossen beide Wolkenzahlen umarmend ineinander und bildeten eine liegende acht – eine Lemniskate.

Himmel und Erde vereint. Alles war Eins.

Nun schwebte der untere Teil der acht weiter und am Himmel eine weiße liegende neun. So hatte sich die drei erhoben zur neun. In der Vollkommenheit der neun lag ALLES und NICHTS.
Schöpfung in ewiger Bewegung.

Da wusste sie, dass sie in der Weite des Kosmos zu Hause war.
Magischer Augenblick der Geburt einer neuen kosmischen Geborgenheit.

Hinter der ‚Zu-Frieden-heit' ihres Herzens strahlte ein universeller Friede.
Es war ein leuchtendes Strahlen über alles Irdische hinweg.

Frieden strahlte von innen nach außen.

Tief in sich fühlte Sarah:
Nichts ist im außen. ALLES ist in mir.
ALLES ist verbunden mit dem Licht der Einheit.

Sarah vermisste nichts.
Weil sie Alles geworden war.
In diesem Augenblick.

Sie fühlte eine erhabene Würde in sich.

Langsam und bewusst ging sie Schritt für Schritt weiter.
Jeder Schritt war wie ein sanftes Wiegen, ein heiteres Tanzen, ein stilles Lächeln.
Sie lief über die Insel und mit jedem Schritt segnete sie das Leben.

Und das Leben segnete Sarah.
Alles war Eins.

Ihr Herz schlug neu.
Im Rhythmus eines kosmischen Mitgefühls mit sich und allem was ist.

Sie fühlte und wusste um eine bedingungslose Liebe jenseits irgendeines Machens. Und die tiefe Gewissheit, nichts, aber auch gar nichts falsch machen zu können, um aus dieser umarmenden Liebe herausfallen zu können.

Diese Liebe, die sich in die Umarmung der Unendlichkeit erhob, war einfach da.

Sie selbst war zur Umarmung geworden.

So feierte Sarah mit jedem Schritt das eigene Licht.
Sie sah auf das Leben und wusste:

In allem, was ich sehe, ist das Licht der Einheit, denn nichts fällt aus der Einheit heraus.

Als sie zum Boot zurückkam, stand der Fischer auf und kam ihr ein paar Schritte entgegen. Er sah ihr in die Augen und sah ihr inneres Lächeln.

Da flüsterte er ihr zu:
„Die Sonne hat dich geküsst."

9. Kapitel:
Der Duft einer neuen Welt

Abschied und Neubeginn in sich spürend, saß sie erneut und ein letztes Mal für diese Reise unten am Nil. Das warme Wasser umspülte ihre Füße und die Sonne schien auf ihr Haar.

Sie sah ihn nicht, doch sie fühlte ihn.
Den Falken, der seine Flügel ausgebreitet hatte.
Er hatte sich erhoben.
Er flog in Leichtigkeit mit kräftigem Flügelschlag.
Weit und frei.

Horus hatte sie berührt.
Mit seinen weiten Schwingen.
In seiner Schwingung der Einheit.

Auf den Fluss schauend, sah sie, wie sich das Sonnenlicht auf der Wasseroberfläche spiegelte. Sarah fühlte, wie ihr Herz immer wärmer und weiter wurde und sich in ein friedvolles Feld der Heilung ausdehnte. Alle Disharmonie hatte sich in reine Harmonie verwandelt.

Aus einer inneren Herzensklarheit sah sie hinter all die Täuschungen und Illusionen, die alten Machtkämpfe mit ihren Lügen, Intrigen und der Bewegung aus Angst. Sie sah mit dem Herzen, doch dieses ging weder in eine Emotion, noch bewertete oder urteilte es.

Das Sehen mit dem Herzen war wie ein Hindurchsehen durch alles Äußere.
Das Herz blieb an nichts hängen, an nichts haften, es floss einfach weiter.

Das Leben floss durch Sarah hindurch.
Immer weiter und weiter und weiter …

Horus in ihr hatte sich erhoben über die Energiefelder der Polarität und hatte die trennenden Kräfte wieder vereint.

Isis und Osiris hatten sich vermählt. Sie schwangen im Einklang auf den Flügeln des Horus der Sonne entgegen.

Ihr Verstand war still geworden, weil es keine Worte mehr gab.
Nun sangen lachende Herzen in ihrem Kopf.

Vertrauensvoll schmiegte sich ihr Menschsein in die geöffneten, kosmischen Flügel des ‚Ein-Verstanden-Seins', denn ihr Herz hatte verstanden, dass alles EINS war.

Nichts war getrennt, alles war miteinander verbunden.

Und alles kommunizierte mit allem durch die Stille hindurch.

Sarah fühlte eine innere Melodie in sich, die wie ein Gesamtpaket aus ihrem Herzen floss. Sie holte ihren Füller mit dem Block aus

dem Rucksack und die Noten flogen über das Papier. Die einzelnen Töne hatten sich verbunden zu einem harmonischen Ganzen.
Die Musik tanzte durch sie hindurch.

Als der Schlussakkord in den Himmel tönte, nahm Sarah Schritte hinter sich wahr und drehte sich um.
Er stand da und lächelte sie an. Es war der Gärtner und Sarah freute sich, ihn erneut zu sehen. Mit einer freundlichen Geste überreichte er ihr eine geöffnete Rose und Sarah nahm sie dankend entgegen.
Die Blüte strahlte in zartem Rosa und ihr Wohlgeruch erzählte von der sanften Kraft des Mitgefühls.
Der Blick des Ägypters war klar und rein und sie erkannten sich über alles äußerlich Trennende hinweg als Bruder und Schwester.

Als Sarah später, es war schon dunkel, auf ihrem Balkon stand und einen letzten Blick auf den Nil warf, leuchtete der Vollmond silbergolden am Himmel. Da fühlte sie die Vorfreude, die Schwester bald wieder zu sehen. Es gab so viel, was sie Mara ‚mit-teilen' wollte.
Die Rosenblüte legte sie achtsam neben das Fläschchen mit dem Rosenparfum und sah vor ihrem inneren Auge, wie sie Mara beides als Geschenk überreichen würde. Da fühlte sie in sich die Herzensworte:

Ich bringe dir den Duft einer neuen Welt.

Am nächsten Morgen, in aller Frühe, brachte Mohamed sie zum Flughafen zurück. Ein bisschen Wehmut lag in seinem Blick, als sie sich verabschiedeten. Sie legte beide Hände zum Dank und Gruß auf ihr Herz und lächelte ihm zu: „Sei nicht traurig Mohamed, wir werden uns wieder sehen, da bin ich mir gewiss. Und hier im Herzen, sind wir immer miteinander verbunden."

Die Sonne war soeben aufgegangen und leuchtete glutrot über dem Horizont, als Sarah die Gangway des Flugzeugs emporstieg.
Zweiundzwanzig Treppen.
Oben angekommen, hielt sie einen Moment inne und schaute nochmals zurück.
Sie dankte sich selbst und dem Leben und allen Erfahrungen ihrer Reise.

Kaum hatte sie den Innenraum des Flugzeugs betreten, hörte Sarah die silberhelle Stimme eines Mädchens: „Hallo Clown, ich bin auch wieder hier!"
Sarah erkannte das Mädchen und antwortete erfreut: „Das ist ja schön, dass wir uns wieder sehen. Schau mal, ich habe dir etwas mitgebracht." Spontan holte Sarah aus ihrer Jackentasche die kleine, runde Glasperle, die ihr das ägyptische Mädchen mitgegeben hatte und legte sie in die ausgestreckten Hände.

„Ist das die Eintrittskarte in ein neues Spiel?" fragte das Mädchen und fühlte die Perle in ihrer Hand.
Sarah schmunzelte. „Ja, so kannst du es sehen."
In den Augen des Mädchens ein leuchtendes Strahlen.
Es fühlte sich zum ersten Mal in der Sehnsucht nach der Harmonie des Runden, Heilen und Ganzen verstanden.

Da öffnete sich das Kind und wagte eine weitere Frage:
„Und wie hast du den Würfel rund gemacht?"

Mit einem liebevollen, mitfühlenden Augenzwinkern lachte Sarah dem Mädchen zu.

Du trägst die Antwort in deinem Herzen, denn die Antwort war vor der Frage da.

Auch wenn wir es nicht sehen konnten …
… Der Würfel war schon immer rund.

Die Autorin

Foto: privat

Dr. Petra Hoffmann, Coaching und Personalentwicklung
1969 geboren | Magister-Universitätsstudium: Pädagogik, Psychologie, Germanistik | Psychotherapeutische Ausbildung in Logotherapie und Existenzanalyse nach Viktor E. Frankl mit staatl. anerkannter Zulassung (HPG) | Lehraufträge an der Universität Stuttgart | Promotion zum Thema ‚Sinnkrise als Herausforderung an existentielle Pädagogik'

Seit 1998 bin ich freiberuflich tätig als:

- Trainerin in Unternehmen und Institutionen mit den Themenschwerpunkten: Führung, Kommunikation, Konfliktmanagement, Motivation und Selbstorganisation

- Beraterin in Unternehmen/Organisationen

- Coach für Führungskräfte

Seit 2016 biete ich zusätzlich folgende Leistungen an:

- Persönliche / telefonische Einzelberatung von Menschen auf ihrem individuellen Entwicklungsweg

- Workshops zur Persönlichkeitsentwicklung (Aktuelle Veranstaltungen und Termine s. Homepage):

  - Auf dem Weg zu mir selbst – Die Balance bewahren in einer komplexen Welt

    Begleitbuch der Autorin: *Mit einem Fuß tanzen auf dem Regenbogen*

  - Auf dem Weg zu mir selbst – Aus der inneren Zentrierung den Alltag meistern

    Begleitbuch der Autorin: *Sternenkind, wer bist du?*

- Auf dem Weg zu mir selbst – ‚Selbst-Bewusst-Sein' durch Versöhnung mit sich und dem Leben

  Begleitbuch der Autorin: *Zwölf Strahlen der Liebe*

- Auf dem Weg zu mir selbst – Durch innere Stabilität bereit zur Veränderung

  Begleitbuch der Autorin: *Der Weg zum inneren Lächeln*

- Auf dem Weg zu mir selbst – Sich ‚mit-teilen' und einander verstehen

  Begleitbuch der Autorin: *Der Kuss der Sonne*

Kontaktdaten der Autorin

Dr. Petra Hoffmann
Coaching und Personalentwicklung
Auf der Lache 20
71729 Erdmannhausen

Mobil: 0172-7857624
e-mail: petra.hoffmann@gmx.de

www.dr-petra-hoffmann.de

Ich danke Thoth
und der unendlichen Liebe,
die beim Schreiben durch mich geflossen ist.

Bereits im Verlag erschienen

Petra Hoffmann

Sternenkind, wer bist du?
Auf dem Weg zu mir selbst

Preis: 29,95 Euro

1. Auflage 2016
167 Seiten, Hardcover, 140 mm x 180 mm
Mit farbigen Abbildungen.

ISBN: 978-3-86460-570-3

Nadja begibt sich auf die spannendste Reise, die es gibt: auf den Weg zu sich selbst. Diese innere Reise führt sie ins Zentrum ihres Herzens. Vertrauen und Mut sind ihre Wegbegleiter. Und so gelangt sie zu einem inneren Frieden, der unabhängig ist vom äußeren Geschehen. „An diesem Ort spürte Nadja, wie das Leben rund und voll war. Es gab kein Gestern und kein Morgen, nur das ewige Jetzt. Wie einfach und leicht war das Leben, ohne den Hader mit der Vergangenheit und ohne die Angst vor der Zukunft. Nur leben im Hier und Jetzt. Verweilen in der Fülle des Augenblicks." Die Geschichte animiert den Leser, sich selbst darin wieder zu finden in den Grundfragen menschlichen Seins: Wer bin ich? Was trage ich für ein Potenzial in mir? Was ist der Sinn meines Lebens? Was war mein Ausgangspunkt und wo geht es hin? Wer dieses Buch mit dem Herzen liest, taucht ein in eine wunderbare, kraftvolle Energie. In dieser Geschichte vertieft die Autorin die Themen ihres Buches „Mit einem Fuß tanzen auf dem Regenbogen – Auf dem Weg zur inneren Freiheit".

Zu bestellen unter **www.book-on-demand.de**

Bereits im Verlag erschienen

Petra Hoffmann

Der Weg zum inneren Lächeln
Kurzgeschichten, die Himmel und Erde verbinden

Preis: 19,95 Euro

1. Auflage 2020
134 Seiten, Paperback, 140 mm x 180 mm

ISBN: 978-3-96004-071-2

22 Kurzgeschichten mitten aus dem Leben – zwischen Leid und Freude, Schatten und Licht – inspirieren, eigene herausfordernde Lebenssituationen liebevoll und versöhnend zu betrachten und anzunehmen.
Es sind Grenzsituationen, Augenblicke von Ewigkeit, in denen sich das Unsichtbare hinter dem Sichtbaren offenbart und in denen es gilt, aufzustehen, das Leben zu wagen, innere Tore zu durchschreiten und immer wieder, mit dem Blick nach vorne, weiter zu gehen.
Eine Energie von Leichtigkeit mit einer Prise Humor schwingt zwischen den Zeilen und berührt das Herz.
Erinnernd an die eigene Weisheit, führen die Kurzgeschichten in eine friedvolle Stille, um aus dieser Harmonie das innere Leuchten zum Strahlen zu bringen und dem Leben zuzulächeln.

„Ich wünsche mir für unsere Kinder eine Welt, in der wir uns ehrlich in die Augen schauen. In der wir Menschen uns in unserer ‚Nacktheit' ertragen und gegenseitig tragen und durch den äußeren Schein hindurch in unserer wahren Vollkommenheit erkennen."

Zu bestellen unter **www.book-on-demand.de**